August Rohling

Die Polemik und das Menschenopfer des Rabbinismus

Eine wissenschaftliche Antwort ohne Polemik für die Rabbiner und ihre Genossen

August Rohling

Die Polemik und das Menschenopfer des Rabbinismus
Eine wissenschaftliche Antwort ohne Polemik für die Rabbiner und ihre Genossen

ISBN/EAN: 9783743425484

Hergestellt in Europa, USA, Kanada, Australien, Japan

Cover: Foto ©Suzi / pixelio.de

Manufactured and distributed by brebook publishing software
(www.brebook.com)

August Rohling

Die Polemik und das Menschenopfer des Rabbinismus

Vorwort.

Da meine vor Gericht abgegebenen Erklärungen über das Judenthum von Rabbinern, gegen welche ich die gerichtliche Klage einleiten musste, als Angebot des Meineides, von Franz Delitzsch als Cretinismus bezeichnet wurden, so wird es jeder rechtlich denkende Mensch zumal in Rücksicht auf die sociale Wichtigkeit der in Rede stehenden Fragen wohl begreiflich finden, dass ich von dem gesetzlich mir zustehenden Recht, meine Ueberzeugungen wissenschaftlich zu begründen, Gebrauch zu machen mir erlaube.

Freilich haben weder die Rabbiner noch Delitzsch und andere Genossen derselben Haltbares gegen mich vorgebracht; aber da man diesen Leuten noch immer in gewissen Kreisen eine Bedeutung zuspricht, die sie nicht haben, so ist eine objective, auf die Urtexte zurückgreifende Besprechung der Judenfrage, welche nicht blos die Uebersetzungen, sondern auch die Originale vorlegt und nöthigen Ortes commentirt, unerläss-

1*

lich. Glauben die Juden durch Gesetze, die nicht existiren, gegen jegliche Kritik geschützt zu sein, so rufe ich zu meinem Schutz die Wahrheit an, für die ich leben und sterben will.

Wer mich durch beweiskräftige Gründe widerlegen kann, ist mir willkommen, doch Gewalt und Lug wird Euch nicht frommen, wie es die Welt längst schon begriffen hat. Denn von den etwa tausend Mitgliedern der deutschen Morgenländischen Gesellschaft, die bereits zwölf Jahre lang meine Anschauungen prüfen konnte, haben sich ausser den Rabbinern über meine bisherigen Publicationen nur sechs protestantische Gelehrte abfällig geäussert, obendrein in blossen Behauptungen, welche des gehörigen Beweises ermangelten, und von diesen sechs Gelehrten sind Wünsche und Delitzsch bekannte Juden, welche sich einer protestantischen Denomination zulegten, jener in Dresden, dieser etwa 20 Jahre alt vor langer Zeit, als er in Heidelberg ein wenig die Rechte hatte kennen gelernt. Wer die Alluren von Delitzsch, des unermüdlichen Streiters für Israel, beobachtet hat, wird leicht bemerkt haben, wie bezeichnend er „meinen Herrn und Heiland" in den Mund nimmt, wenn er sich anschickt, für den Rabbinismus in's Zeug zu gehen. Geht das Lamm voraus, wer wird da denken, ein Wolf sei in der Nähe! Hört man die Moral des Evangeliums loben, so wird gewiss

Mancher glauben, das nachfolgende gelehrte Wort über Israel beweise sonnenklar, dass rabbinische und christliche Ethik so ziemlich gleichen Werthes seien. Die Berechnung also ist nicht übel, doch — nur die Wahrheit besteht.

Indem ich diese neue Schrift eine Abhandlung über den „Rabbinismus" nenne, will ich dem Gedanken des heiligen Petrus Ausdruck geben, dass man das jüdische Volk trotz aller Klagen, zu welchen es Anlass gibt, als eine Schaar von Irrenden bemitleiden muss, welche durch ihre Rabbiner missleitet wird. Diese „Hirten" behaupten, Moses und die Profeten zu predigen; aber sie lehren, was jene verwerfen. Der denkende Jude, welcher das alte Testament ohne seine Rabbis studiren will, wird leicht zu der Einsicht kommen, dass ich die Wahrheit sage. Sind doch die rabbinischen Lehren, welche eben diese meine Schrift mittheilt, dem alten Testamente völlig fremd. Und wie der Rabbinismus den heiligen Autoren der Bibel die Worte selbst verdreht, das möge sich der geehrte jüdische Leser z. B. durch folgende Stellen verdeutlichen: Kerithut fol. 7a, Menachoth fol. 43b, Pesachim f. 64a, Rosch haschana f. 6b und 24a, Moëd katon f. 2a und Raschi daselbst wie Nimuqe Josef daselbst, Nimuqe Josef Moëd katon perek 2 f. 377 b, Raschi zu Menachoth 27b, Rabenu Ascher Chullin

perek 3 siman 57. Schita Mekubezet zu Baba
Kamma f. 11a. Kelim zu Ende und Rambam.
Rasch und Rosch zu dieser Stelle und Mikvaot
perek 5 am Ende, Rabad hilchoth tumat meth
perek 11. Sefer Temim deim siman 117, Raschi
Job 6. 25 und Ramban zu Exodus 22. 15 und
Eruchin 33a.

Prag, den 29. Juli 1883.

Prof. Dr. **Aug. Rohling.**

I.

Um die jüdische Polemik gegen das Christenthum zu verstehen, muss man zunächst wissen,
dass die rabbinischen Schriftsteller uns nicht blos
als נוצרים (Nazarener), sondern auch als עכום
(Akum), עובדי עבודה זרה (Götzendiener), גוים
(Gojim, Heiden), מינים (Minim, Ketzer), אומות
העולם (Völker der Welt), עמי הארץ (Völker
der Erde), נכרים (Nochrim, Fremde) und dgl.
bezeichnen.

Dass die Christen עכום genannt werden,
zeigt Orach chajim § 113, 8: המתפלל ובא כנגדו
עכום ויש לו שתי וערב בידי והגיע למקום
ישתחוין בו לא ישתחה אעפי שלבו לשמים Wenn
ein Jude betet und einem Akum begegnet, der
ein Kreuz in der Hand hat, und der Jude kommt
im Gebet an die Stelle, wo man sich verbeugt,
so soll er sich nicht verbeugen, auch wenn seine
Absicht auf Gott gerichtet wäre. Ein Akum mit
einem Kreuz in der Hand ist offenbar ein Christ.
Weitere Gründe, dass die Christen bei den Juden

Akum heissen, findet man in meinen für das Königreich Böhmen verbotenen „Antworten an die Rabbiner" (Prag 1883 Cyrillo-Method'sche Buchh. S. 18 f.), wo auch gezeigt ist, dass wir durch die Benennung Akum (eig. Sternanbeter) bereits den Götzendienern, die Geschöpfe anbeten, zugezählt werden.

Dies geschieht auch durch die fernere Bezeichnung der Christen als עובדי עבודה זרה Dass nämlich עבודה זרה (aboda zara) Götzendienst bedeutet, zeigt der Talmud im Traktat Aboda Zara 3a, wo Nimrod als Zeuge aufgeführt wird, dass Abraham keine Götzen verehrte: יבא נמרוד ויעיד באברהם שלא עבד עבודה זרה es komme Nimrod und zeuge über Abraham, dass er nicht aboda zara (Götzendienst) trieb. In Abraham's Tagen gab es doch auch nach rabbinischer Wissenschaft nur Gottesdienst u. Götzendienst: Ismaeliter oder Nazarener oder andere Leute, die in Volksschriften und Zeitungen von Rabbinern wohl als Angehörige eines harmlosen „fremden Cultus" bezeichnet werden, dem auch Abraham hätte huldigen können, ohne Götzendiener zu sein, gab es nicht. Ferner sagt der Talmud Sab. 82a א'ר עקיבה מנין לע"ז שמטמאה במשא כנדה שנאמר תזרם כמו דוה וכו׳ Rabbi Akiba sagt: woher wissen wir, dass die

Aboda zara ihren Träger verunreinigt wie eine
unreine Frau? Weil gesagt ist (Js. 30, 22) und
ihr werdet entweihen euere versilberten Götzen,
und die goldenen Kleider euerer Bilder und so
wegwerfen wie Unrath. Der Profet redet offenbar
von Götzendienst und sagt, dass die Bekehrten
ihn einst wie Unrath entfernen werden: ‏ע‎ (al ode
zara) ist also nach dem Talmud, weil sie dar ch
diese Worte des Profeten als verunreinigend er-
wiesen wird, wahrer Götzendienst. Auch Sab. 80b
ist ein Beweis hiefür, und solcher Stellen gibt es
eine grosse Menge. Ueberhaupt sind nach dem
Talmud alle Unbeschnittenen Götzendiener. Sab.
88b und 89a wird gemeldet, dass die Engel im
Himmel einst dem Mose die Tora missgönnten
und diese für sich haben wollten; da sprach Gott:
in der Tora steht, du sollst keine anderen Gotter
haben; wohnt ihr denn zwischen Unbeschnittenen,
die Götzendiener sind, dass ihr dieser Ermahnung
bedürftet? Es heisst wörtlich: ‏שיב מה כתיב בה‎
‏לא יהיד לך אלהים אחרים בין ערלים אתם‎
‏שרויין שעובדים ע״ז‎: wiederum ist geschrieben
in der Tora: nicht sollst du fremde Götter haben;
wohnt ihr zwischen Unbeschnittenen, welche ‏עבידה‎
‏זרה‎ (Götzendienst) treiben? Cf. Nedarim 31 b ff.
‏עבודה זרה‎ ist also „fremder Dienst", der die
Gott schuldige Anbetung auf Geschöpfe überträgt,
also Götzendienst.

Dass nun die Christen עוֹבְדֵי עֲ oder Götzendiener in den Augen der Juden sind, lässt sich
leicht beweisen. So schreibt Maimonides (Aboda
zara mischna 3), den sie den „Adler" nennen:

וְדַע שֶׁזֹּאת הָאוּמָּה הַנּוֹצְרִים הַמְשַׁיְּבִים אַחַר
יֵשׁוּ אֲפִילוּ שֶׁדָּתוֹתֵיהֶם מְשׁוּנִּית כּוּלָּם עוֹבְדֵי
עֲ וּרְאוּי לִנְהוֹג עִמָּהֶב בַּתְּרִית בְּזֶה שֶׁינְהוֹג עִב
עוֹבְדֵי עֲ ... וְכֵן בַּאֵר הַתַּלְמוּד Und wisse, dass
dieses Volk der Nazarener, welche Jesu nach-
irren, obgleich ihre Dogmen verschieden sind,
doch alle Götzendiener sind und man muss mit
ihnen verfahren wie man verfährt mit Götzendienern ... und so lehrt der Talmud. Ferner
sagt Rabbenu Ascher Aboda z. per. 4. 1: גָּבִיעַ
הַכֶּסֶף שֶׁאוֹחֲזוֹ הַגַּלָּה בְּיָדוֹ וְהַמַּחְתָּה שֶׁמְּקַטְּרִין
בָּה מְשַׁמְּשִׁין עֲ הֵן der silberne Kelch, welchen
der christliche Priester in der Hand hält, und
das Rauchfass, mit welchem man räuchert, sie
dienen zur Abgötterei. In den Hagahoth R. Ascher
Ab. z. per. 3 siman 5 heisst es: שְׁתִי וָעֵרֶב הוּא
עֲ das Kreuz gehört zur Abgötterei (עֲ aboda z.)
Die Hebräer wissen wohl, dass wir das Kreuz
selbst nicht anbeten, sondern den Gekreuzigten.
So sagt Rabbi Salomon Margaliot, der vor etwa
70 Jahren Rabbiner in Brody war, dass der Jude
wohl Gefässe und Gegenstände, die mit einem
Kreuz bezeichnet sind, im Hause haben dürfe,

weil, wie er begründet, die Kreuze nicht ange-
betet werden, kein directes Idol, sondern zu
Idol gehörende Gegenstände seien Scheleth
utschub, peri tebuah § 51).

Weiterhin gehören die Christen auch zu den
גוים (Gojim). גוי, sagt Rabbi Levy (Wörterbuch
über Talm. und Midr. s. v. Leipzig, 1876), ist
s. v. a. Nichtjude. גויה Goja = Nichtjüdin. Auch
die Türken gehören zu den גוים, obgleich sie
den Juden nicht als Götzendiener gelten, weil sie
Allah als den Einen Gott, Muhammed aber blos
als Profeten ehren. Die Christen sind als גוים
Götzendiener, weil sie Jesum als Gott anbeten
und die Trinität bekennen, welche das moderne
Judenthum als Polytheismus ansieht. So begreift
sich, dass man zum Schulchan (Orach ch. § 128, 37
im Magen Abraham) lehrt, die Türken seien keine
Götzendiener, wohl aber die Christen. Dass die
Christen גוים sind, sieht man auch bei R. Ascher
Aboda z. p. 1 sim. 9: אתא גוי ולחיש ליה בשמא
דישו של es kam ein Goj und besprach ihn im
Namen Jesu. Und Aboda zara 26b Tos. steht:
משומדים של עכשו... משמעיבין הגוים
אין אומרים בו וחי זה אחיך עמך... וימצא
לבור להורידו Die Juden, welche sich jetzt taufen lassen, mischen sich unter die Gojim, und
man sagt über einen solchen nicht: dein Bruder

lebe mit dir, sondern es ist Gesetz, ihn zu stossen in die Grube. Die Verfasser der Tosfoth lebten in Frankreich und da sie die Erfahrung machten, dass Juden, welche sich damals taufen liessen, in der Regel aufrichtig das Christenthum annahmen, so rechneten sie dieselben als Gojim.

Dass die Christen מינים (Minim, Ketzer) genannt werden, lehrt der Talmud Sabb. 116a

ר' מאיר קרי להן (ולספרי המינים) און גליון

R. Meier nannte die Bücher der Minim Unheil, das auf leerem Papier niedergeschrieben ist: אין גליון steht, wie auch Levy l. c. s. v. bemerkt, kakophemisch für אונגלין Evangelium. Auch Raschi bemerkt dazu: ר' מאיר קרי בו לפי שהן קורין אותן אונגליא was in Uebersetzung heisst: Rabbi Meier nannte die Bücher der Minim Unheil auf leerem Papier (aven gilajon) weil die Minim ihre Bücher Evangelia nennen. Auch spricht Raschi zu Sanh. 100 b von den ספרי מינין גלחים von den Büchern der Minim, der Geschorenen; Geschorene nennen sie die katholischen Priester, weil sich diese eine Tonsur auf dem Kopfe machen (Keneseth haggedola Jore deah §. 116.); vgl. auch Aboda z. 26 b Tos. Dass die Christen zu den Minim gehören, folgt auch aus Aboda z. 17a, wonach Akiba einst bittere Reue empfand, dass er sich über die zutreffende Bemerkung

eines Christen gefreut hatte; diese Freude war
eben schon Annäherung an die מינית (Ketzerei
des Christenthums. Nach Aboda z. 27 b soll sich
der rechte Jude nie von einem Arzte, der den
Minim angehört, heilen lassen; denn als Ben
Damma einst von einer Schlange gebissen wurde
und ein Christ im Namen seines Herrn Jesus ihn
heilen wollte, da liess es Rabbi Ismael nicht zu,
weil man sich von einem Min nicht heilen lassen
darf. Nach Sota 49 b sind die meisten Könige
wenn der Messias kommt, minim; dazu bemerkt
Raschi: וְהַמַלְכוּת הַשׁוֹלֶטֶת עַל רוּב הָעוֹלָם
תְּהֵא לַמִינוּת נִמְשָׁכִים אַחַר טָעוּת יֵשׁוּ וְתַלְמִידָיו
נִקְרָאִי מִינִים Die Herrschaft über den grössten
Theil der Welt wird der Ketzerei (minuth) gehören, den Anhängern des Irrthums Jesu, dessen
Schüler genannt werden Minim (Ketzer).

Dass die Christen weiterhin Fremde (נכרים)
genannt werden, leuchtet von selbst ein. Es genügt, Taanith 27 b anzuführen, dass die Juden
am Sonntag nicht fasten wegen der Nazarener.
und daneben Sofrim XVII. Anf., wo von derselben
Sache die Rede ist und הנכרים mit הנוצרים
wechselt. Der Rabbi Jakob, genannt Rabbenu Tam.
ein Enkel Raschi's. lebte im 12. Jahrh. in Frankreich und erwarb sich dort nach Seder hadoroth
p. 157 durch Wucher grossen Reichthum, und er
sagt im Rosch Baba mezia per. 5 sim. 52 (auch

Tos. Baba m. 70 b). dass den Juden das Wuchern
mit den „Fremden" (נכרים) erlaubt sei. ja dass
man (und er findet dafür einen besonderen, — die
sonstige Idee des Rabbinismus von dem Eigen-
thumsrecht Israels über die ganze Welt nicht
ausschliessenden — Grund in den hohen Abgaben
und Steuern) wuchern könne ohne Grenze. weil.
was immer man fordere. zum Leben nöthig sei
(כדי חיי): die Franzosen, welche Tam bewu-
cherte. waren ohne Zweifel Christen. und diese
nennt er Fremde, נכרים. Man findet dafür auch
Belege im Chatam Sofer (VI. § 24. mit Beziehung
auf Baba m. 90 a) und an vielen anderen Orten.

Dass die Christen zu den nichtjüdischen
Völkern der Welt oder der Erde gehören. ist
nach dem Gesagten schon klar; wie Moses die
Nichtjuden z. B. Deut. 28, 10 Völker der Erde
nennt, so auch der Talmud und der Rabbinismus
überhaupt (s. Berach. 6 a und Menach. 35 b und
Raschi daselbst, wo er beginnt mit שם ").

II

Dass die Christen nicht als Menschen, sondern als Bestien betrachtet werden, geht aus zahllosen Stellen hervor.

Von dem Goj steht Tos Kethub. 3 b und Jebam. 22 a זרעו רשיב כזרע בהמה sein Same wird gerechnet wie Viehsame. Ferner steht Kerithuth 6 b: ... הכך בשמן המשחה לבהמה ליב פטור בשלמא בהמה דלא אדם היא אלא נוי אמאי פטור הוא אדם נינהו לאו כתיב ואתן צאני צאן מרעיתי אדם אתם אתם קרויין אדם ואין הנויים קרויין אדם Wer (zur Zeit des Tempels) mit dem heiligen Salböl ein Thier . . . oder einen Goj salbte, war straflos. Es mag dies sein bezüglich eines Thieres, weil es kein Mensch ist, aber bezüglich der Gojim? Warum soll man da straflos sein? Siehe, sie sind doch Menschen. Nein. Denn es ist geschrieben: ihr (Juden) seid meine Schafe, Schafe meiner Weide, ihr seid Menschen, ihr heisset Menschen und nicht heissen Menschen die Gojim. Parallelstellen findet man Jebam. 61 a, Baba mezia 114 b, wo es überall heisst אַתֶּם קְרוּיִין אָדָם וְאֵין הַגּוֹיִים קְרוּיִין אָדָם Ihr (Juden) heisset Menschen und nicht heissen Menschen die Gojim; cf. Sab. 150 a. Ferner sagt der Talmud Makkoth 7 b: פְּרָט לַמִּתְכַּוֵּין לַהֲרוֹג אֶת הַבְּהֵמָה וְהָרַג אֶת הָאָדָם אוֹ מִתְכַּוֵּין לַהֲרוֹג אֶת הַגּוֹי וְהָרַג אֶת יִשְׂרָאֵל (straffällig ist . . .) ausgenommen, wer intendirt zu tödten ein Thier und tödtet einen Menschen oder wer intendirt zu tödten einen Goj und tödtet einen Juden. Ebenso Sanh. 79 a. Der gefeierte Rabbi Edels sagt zu Kethub. 110 b מְדַמֶּה עַכּוּ״ם לַחֲזִיר טָמֵאָה מִיַּעַר (der Psalmist) macht gleich den Akum mit dem unreinen Schwein des Waldes. Zu Berach. 61 b sagt Edels: עַכּוּ״ם שֶׁנִּמְשְׁלוּ לַחַיּוֹת טְמֵאוֹת בְּכָל מָקוֹם d. h. die Akum, welche überall den unreinen Thieren (Schweinen) verglichen werden; vgl. auch Edels zu Kidduschin 30 a ff. Zu Makkoth 23 a sagt Edels: הַמּוֹר רָמַז לְעַכּוּ״ם d. i. der Esel ist die Bezeichnung des Akum. Im Sefer Midrasch Talpioth (Warschau 1875 S. 255) heisst es: בְּרָאָם בְּצוּרַת אָדָם לִכְבוֹדָם שֶׁל יִשְׂרָאֵל שֶׁלֹּא נִבְרְאוּ הָעַכּוּ״ם כִּי אִם לְשַׁמְּשָׁם יוֹם וְלַיְלָה לֹא יִשְׁבּוֹתוּ מִמְּלַאכְתָּם וְאֵין כָּבוֹד לַמֶּלֶךְ שֶׁיְּשַׁמֵּשׁ אוֹתוֹ בְּהֵמָה בְּצוּרַת בְּהֵמָה כִּי אִם בְּהֵמָה בְּצִירַת אָדָם Gott schuf die Akum in Menschengestalt zur Ehre der Juden, denn

nicht wurden die Akum erschaffen als nur um
Tag und Nacht den Juden zu dienen und m lt
abzulassen von ihrem Dienst. und es ist nicht
geziemend für einen Prinzen (den Juden). dass
ihn bediene ein Thier in Thiergestalt. wohl aber
ein Thier in Menschengestalt. Berach. 5ª a wird
erzählt. dass Rabbi Schila einen Juden tödtete.
weil er merkte, dass dieser den Gojim erzählen
wollte. sie würden von den Rabbis Esel genannt:

יאי דמרי איקרן דכתיב אשר בשר המורים
בשרם הזיה דקאיל למימרא להו דקרינהו
המרי אמר האי רודף הוא והתורה אמרה אם
בא להורגך השכם להרגו מהייה בקולפא
וקטליה d. h. werden sie (die Gojim) nicht Esel
genannt, da geschrieben steht, ihr Fleisch ist
Eselfleisch? Da er sah. dass (der Judenlaie) gehen
wollte, den Gojim zu sagen, sie würden Esel genannt. sprach er (Schila): dieser will mich in
Lebensgefahr bringen und die Tora sagt: wenn
dich einer tödten will, so komme ihm zuvor und
schlage ihn todt, und er nahm eine Keule und
tödtete ihn.

III.

Das Thier ist nicht fähig, belogen zu werden.
Darin liegt es, dass der Rabbinismus die Lüge,
den Betrug, den falschen Eid gegen Christen als
erlaubt ansieht. Der Talmud sagt Baba K. 113b:
טעותו מותרת : es ist erlaubt, den Goj zu täuschen; das Suffix geht nach dem Context auf גוי.

Baba Kamma 113a heisst es: תניא ישראל
וגוי שבאו לדין אם אתה יכול לזכותו בדיני
ישראל וכהו ואמור לו כך דינינו בדיני אומות
העולם וכהו ואמור לו כך דינכם ואם לאו
באין עליו בעקיפין דברי רבי ישמעאל ר'ע אומר
אין באין עליו בעקיפין מפני קדוש השם Es
ist Tradition. Wenn ein Jude und ein Goj kommen zum Gericht und du kannst ihn (den Juden)
siegen machen durch die Gesetze der Juden, so
mache ihn siegen und sage dem Goj: so will es
unser Gesetz; durch die Gesetze der Völker der
Welt, so mache ihn siegen und sage dem Goj:
so will es euer Gesetz; wenn nicht, so kommt
man über den Goj mit Betrügereien. So die Worte

R. Ismael's. Rabbi Akiba sagt: man kommt nicht über ihn (den Goj) mit Betrügereien wegen der Heiligung des Namens. Was Ismael aus Tradition vorbringt. wird hier durch Akiba nicht etwa corrigirt; denn Akiba sagt bloss. man soll sich hüten. entdeckt zu werden. denn die Heiligung des Namens erfordere diese Vorsicht. Darum schreibt Raschi zu dieser Stelle: הֵיכָא דְּלֵיכָא

הֵיכָא דְּאֵין אִישׁ בֵּין שָׁם מְבֹּב d. h. Entweihung,

Entheiligung des Namens ist nicht vorhanden. wenn der Goj nicht bemerkt. dass der Jude lügt. Und zu B. k. 113b schreibt Raschi: הֵיכָא דְּלֵיכָא הֶישֵׁב

בֵּין הֵיכָא דִּשְׁמַע לֵיהּ לְיִשְׂרָ נַתְתִּי לְאָבִיךָ וָמֵת

דְּלָא יָדַע גּוֹי בַּהֲדֵיא דִּמְשַׁקֵּר d. h. nicht ist

Entheiligung des Namens wo zum Beispiel der Jude lügnerisch einem erbenden Goj sagt: ich gab es deinem Vater und er starb. wofern der Goj nicht sicher weiss. dass der Jude lügt *)

Baba k. 113b heisst es: דְּאָי בַּר יִשְׂרָאֵל

דִּיד כְּהֲדוּתָא דְּגֵּי וְאָזֵיל וּמַסְהֵיד לֵיהּ בְּדֵינָא

---

*) Im Vertrauen auf die Unkenntniss der Christen erlauben sich die Juden auch die Behauptung, im Talmud werde Jesus gar nicht erwähnt. Wie die Juden unter sich über christliche Gelehrte, welche derlei acceptiren, zu reden pflegen. sieht man z. B. im Seder Judaeos (Amsterd. 1717) fol. 9 b, wo es heisst. Die Rabbiner betrogen immer die Nazarener, indem sie ihnen sagten, der Jesus des Talmud sei nicht der eigentliche Jesus. der Jesus der Christen; diese Lüge erlaubten sie sich um des Friedens willen.

2*

הגוים על ישראל חבריה משביתין ליה .d. h.
jener Jude, welcher weiss ein Zeugniss für einen
Goj und geht und gibt Zeugniss für ihn im Gericht der Gojim gegen einen Juden, seinen Genossen, diesen thun wir in den grossen Bann.

Schebuoth hagahoth Ascher 6, 4 heisst es:

אותם שמוׁשׁל העיר משביעם שלא יצאו או .
יבריחו חוץ לעירו כלום מותר להם להערים
ויחשבו בלבם שלא יצאו היום או שלא יבריחו
היום חוץ לעירו כלום d. h. Wenn die Stadt-
obrigkeit die Juden zum Eid fordert, dass sie
überhaupt die Stadt nicht verlassen noch etwas
ausführen wollen, so ist es ihnen erlaubt, zu be-
trügen, indem sie im Herzen denken, dass sie
h e u t e nicht hinausgehen oder h e u t e nichts
hinausschaffen wollen. Eine ähnliche Stelle findet
man Tos. Nedarim 28a. Diese Stellen über die
Erlaubtheit des falschen Eides mögen hier genügen; man kann aber noch viele andere anführen.

Wo indess Treue und Wahrheit gegen Menschen nicht geachtet werden, da gibt es auch
keine Wahrhaftigkeit in Bezug auf Göttliches.
Darum lehrt der Rabbinismus, dass sich der Jude
äusserlich auch zum Christenthum bekennen
darf. Jorch deah § 157 (ed. Wilna 1875 p. 365)
heisst es: אם יוכל להטעותם שהם סוברים
שהוא עובד כוכבים שרי d. h. Wenn der Jude

die Akum täuschen kann, dass sie meinen, er sei
ein Akum, so ist es erlaubt. Der Jude, welcher
sich aufrichtig taufen liess oder nach Empfang
einer Scheintaufe in sich ging und aufrichtig
Christ wurde, ist einer, der Gott erzürnt und
soll getödtet werden; dies zeigt Jorch deah
§ 158. 2:

מינים שהם עובדים עצבים ומשתמרין
עצמן בין העכו"ם לעבוד עכו"ם כמותם הרי הם
בני מינים להביעים ומורידין אותם ולא מעלין

d. h. die Getauften, welche sich taufen liessen
(pro forma) und sich dann selbst unter die Akum
mengten um wie sie Götzendienst (עבודת כוכבים
ומזלות) zu treiben, sie sind gleich jenen, die sich
taufen liessen, um Gott zu erzürnen, und man
stürzt sie in die Grube und zieht sie nicht heraus.
Die Scheintaufe und das Scheinbekenntniss des
Christenthums wird hier deutlich als eine erlaubte
Sache bezeichnet, nur die aufrichtige Annahme
des Christenthums ist eine Sünde, die Gott erzürnt. Dies zeigt auch die Stelle Choschen ham-
mischpat § 425, 5, die uns weiter unten beschäfti-
gen wird. Diesen Lehren des Rabbinismus gibt
der Jude Grätz in seiner „Geschichte der Juden"
Band 11 (Leipzig 1870) S. 368 sogar in deutscher
Sprache Ausdruck, indem er in seinem Panegyricus
auf Börne und Heine ohne jeden Beweis den
Geistlichen, welche diese Ehrenjuden tauften, den

Vorwurf macht, sie hätten kein aufrichtiges
Glaubensbekenntniss von diesen Täuflingen ver-
langt, die nun „beide zwar“, wie Dr. Grätz bemerkt, „sich äusserlich vom Judenthum lossagten,
aber nur wie Kämpfer, die des Feindes Rüstung
und Fahne ergreifen, um ihn desto sicherer zu
treffen und desto nachdrücklicher zu vernichten.“
Da Grätz Professor am Rabbinerseminar in Breslau
ist, so hören wir also, dass die „Hirten“ Israels
dazu bestimmt sind, das Christenthum als einen
Feind zu behandeln, der nachdrücklich zu treffen
und sicher zu vernichten ist, und dass auch
Mittel von so gaunerhafter Art dafür dienen. *)

---

*) Grätz ist ein hervorragendes Individuum des Re-
formjudenthums. Man sieht daher, wie alle „Reformerei“,
von der bei Juden geredet wird, die talmudische Feind-
seligkeit gegen das Christenthum in keiner Weise alteriren
kann. Daher auch die Thatsache, dass die Alliance israelité
die starren Orthodoxen, welche an Terefah, Tefillin, Cha-
lizaschuh u. s. w. festhalten, wie die Reformer und selbst
die Karäer als Brüder vereinigt (Archives israélites 15. Aug.
1867). Der bekehrte Rabbi Drach bemerkt in seinem Werk
über die Harmonie der Kirche mit der (alten) Synagoge
I. 197 f., dass trotz aller Versuche, im Judenthum zu
reformiren, die Masse der Juden dem Talmudismus (auch
bezüglich solcher Satzungen wie Terefah u. s. w, die uns
weiter nicht tangiren) mit Leib und Seele ergeben bleibt,
solange die Welt nicht ihre letzten Tage erreicht haben
wird: es liegt dies eben im Wesen des Judenthums, das
nicht Mosaismus, sondern nichts als Talmudismus ist: der
Talmudismus ist seine Definition; wollte es Moses hören,
so würde es in consequenter Gedankenentwicklung zu Jesus
von Nazareth kommen.

Es kann daher auch nicht überraschen, dass die
Rabbiner im vierten Artikel ihres sog. Synedriums
von 1807 sogar dem Kaiser Napoleon I. die freche
Lüge in's Angesicht sprachen, alle Menschen seien
ihre Brüder.

Der Rabbinismus huldigt nach dem Gesagten
ohne Frage dem Grundsatz, dass der Zweck das
Mittel heiligt. Der Zweck, den er von Religions-
wegen verfolgt, ist, wie wir gleich sehen werden,
die Herrschaft Israel's über die Welt. Eine Gesellschaft, die jedes Mittel als erlaubt betrachtet,
muss grosse Erfolge haben. Der Rabbinismus ist
sich dieser Erfolge so bewusst, dass er im Jalkut
Sim. 75a schreibt: Israel gleicht der Dame des
Hauses, der ihr Mann das Geld zubringt; so ist
Israel ohne der Arbeit Last und bekommt das
Geld von den Völkern der Welt. Und da es an
Fleiss und Talent bei den Nichtjuden wahrlich
nicht fehlt, so kann man die Lösung des Räthsels,
weshalb die Juden im Puncte des Erfolges allen
Nichtjuden im Grossen und Ganzen überlegen
sind, allerdings nur in dem rabbinischen Grundsatz finden, dass jedes Mittel gut ist. Wollte ich
polemisch derlei Grundsätze charakterisiren, so
wüsste ich keine trefflichere Darstellung, als sie
der Rabbinismus selbst im Seder Haddoroth p. 258
gegeben hat. Hier wird erzählt, dass Rabbi Josi
einst von 400 Räubern überfallen, aber auf sein

Gebet hin aus der Höhe so gestärkt wurde, dass er ein (unnennbares) „Aroma" von sich ausgehen liess, welches die Räuber dermassen betäubte, dass sie ohnmächtig zu Boden fielen; ja der Geruch verbreitete sich selbst über den Ocean, so dass er auf allen Schiffen bemerkbar wurde. Wenn die modernen Rabbis die Fabeln ihrer heiligen Bücher für Allegorien erklären, so handeln sie gegen den Talmud (Baba bathra 75a) und der „Adler" (hakdamoth Zeraim) sagt, dass ein Gottloser sei, wer jene Dinge als Allegorien betrachte. Doch immerhin mag es erlaubt sein, neben der buchstäblichen Bedeutung noch einen sog. „höheren" Sinn in derlei Schnurren zu finden. Dann bedeutet das „Aroma" des R. Josi wohl, dass Israel das Zeug hat, die ganze Welt zu verpesten.

IV.

Der Major Asman erzählt in seinem Buch. „Die Eroberung der Welt durch die Juden" (Wiesbaden 1875. 7. Aufl.) von einer Judensynode welche um 1840 in Krakau tagte und die Resolution fasste, die Presse in die Hände der Juden zu bringen, um die Welt zu betäuben und zu täuschen und so vom Nordpol bis zum Südpol für Israel die Herrschaft zu erringen. Rabbi Edels zu Sanh. 97 a sagt, der Messias werde kommen, wenn die Christen ihren Glauben verloren hätten. Wenn also die jüdische Presse seit Decennien an „Betäubung und Täuschung" alles aufbietet, die christlichen Principien zu untergraben, so ist nicht zweifelhaft, dass dieser Federkrieg Juda's, der wirksamer arbeitet als der Degen eines Feldmarschalls, im System des Rabbinismus als ein heiliger Krieg für die Sache des Herrn, für die Herrschaft des Messias und seines Volkes Israel aufzufassen ist.

Ja, herrschen will Israel, nicht blos gleiche Rechte haben; denn es betrachtet seine Sache

als die Sache Gottes, dem natürlich alles sich
unterwerfen muss. Der Talmud sagt Sanh. 104a

כל מקום שהן הולכין נעשין שרים לאדוניהם

d. h. überall, wohin die Juden kommen, sollen
sie sich zu Herrschern über ihre Herren machen.
Ebenso sprechen die Rabbis der folgenden Zeiten,
ich nenne nur den R. Edels zu dieser Stelle. Solange sie nicht die Herrschaft haben, fühlen sie
sich als Verbannte, als Gefangene, in גלות. Orach
ch. § 561 beth Josef (ed. Wilna 1879) heisst es:

אפילו יושבין בהם ישראל כיון שאינם מושלים

עליהם מקרי חרבן d. h. wenn auch die Juden
wohnen in ihren Städten, aber nicht herrschen
über sie, so sagt man: chorban. Wüstenei, Elend!
Der Sohar II 16 b sagt: מאן דשליט על ישראל

כאלו שליט על כל עלמא .. אמאי אשתעבידו
בכל האומין בגין דישתאר בהון עלמא דאינן
לקביל כל עלמא וכתיב ביום ההוא יהיה יהוה
אחד ושמו אחד ומה הוא חד אוף ישראל חד
דכ׳ גוי אחד בארץ d. h. Wer über Israel herrscht,

ist, als ob er die ganze Welt beherrscht. Warum
unterwerfen sich die Israeliten alle Völker? Damit
ihnen überlassen werde (gehöre, anheimfalle) die
Welt, denn sie sind wie die ganze Welt, denn
es ist geschrieben: an jenem Tage (wenn der Messias kommt), wird Jehova Einer sein und sein

Name Einer (d. h. sein Name wird vollstandig
sein. wird sein letztes he enthalten und nicht
blos הי oder יהו. s. weiter unten sub V.) und
wenn sein Name Einer ist, wird auch Israel Eines
sein. wie geschrieben steht: Ein Volk auf Erden.
Der Talmud sagt Sanh. 98a אין בן דוד בא עד
שתכלה מלכות הולה d. i. der Messias kommt
nicht, bevor aufhört das niedrige. miserabele
Reich (der Christenheit). Raschi bemerkt dazu,
wie Edels erklärt: שלא תהא להם שום שולטנות
בישראל אפילו שולטנות קלה ודלה d. i. (der
Messias kommt nicht. bevor die Christenherrschaft
aufhört), so dass sie (die Christen) gar keine Herrschaft über Israel mehr haben. auch nicht eine
kleine und geringe.

Die Ankunft des Messias ist natürlich das
innigste Verlangen des orthodoxen Juden; sein
Wunsch und Streben. den Christen alle Macht
zu nehmen, ist daher heilige Pflichterfüllung.
Bevor dieses Ziel erreicht ist. lebt der Jude
deshalb im Kriege mit uns, der beste Christ ist
sein grösster Feind. Darum befiehlt der Talmud
Sofrim 13 b: טוב שבעכום הרוג d. h. den
Besten der Akum schlage todt (natürlich. wo es
geht). In bekannter Schlauheit haben die Rabbiner
in einigen Ausgaben diesem Texte das Wort „im
Kriege" zugesetzt, um glauben zu machen, dass

der Talmud blos an eine Schlacht im gewöhnlichen
Sinne denke, wo es sich ja nicht vermeiden lässt,
dass auch der beste Mensch getödtet wird. Aber
dass vorhin Gesagte genügt schon, um diese rabbinische Ausflucht in ihrem Unwerth zu erkennen.
Daher schreibt auch der Sohar III. (ויקרא) fol. 14 b:

באומות העולם כתיב (יחזקאל כג) אשר בשר
המורים בשר זרמת סוסיב זרמתם ובגין
כך ישראל קדישין זרעא דקשוט גזעא
דאתבסמו בטורא דסיני ואתפסק מנייהו כל
זוהמא כלהו מתבסמין וכלהו עיילי בקיימא
קדישא דיומא ולילה למהוי שלימיב בכלא
אבל באומות עכו׳׳ם קשיא למעבר מנייהו וזוהמא
ואפילו עד ג׳ דרין ובגין כך תנינן טוב שביגֹאׁ

הרוג d. h. Ueber die Völker der Akum ist geschrieben (Ez. 23): ihr Fleisch ist Eselfleisch und
ihr Same Viehsame, und darum sind die heiligen
Juden Kinder der Wahrheit, der Stamm, der am
Berge Sinai parfumirt wurde, so dass jeder Schmutz
von ihnen wich; sie sind alle parfumirt worden,
so dass sie alle in den heiligen Bund eintraten,
um Tag und Nacht ganz vollkommen zu sein in
jeder Beziehung, während von den Völkern der
Akum der Schmutz schwerlich entfernt wird und
selbst noch bis zum dritten Geschlecht (wenn ein
Akum Jude wird, haften bleibt), und deshalb haben

wir die Lehre empfangen: den Besten von den
Akum schlage todt.

Im Sefer Chinuk des Gaon Rabbi Ahron von
Barcelona (Wiener Druck 1827 f. 98 b) wird in
21 Zeilen ausgeführt, dass die sieben Völker
Kanaan's, welche von den Juden ausgerottet
werden sollten, nicht ganz verschwanden, sondern
sich unter die übrigen Völker der Welt verloren,
weshalb es nach Maimonides geboten sei, jeden
Nichtjuden, wenn es angeht, todtzuschlagen; denn
er kann eben ein Sprössling jener sieben Völker
sein, und der Jude übertritt daher das Gesetz,
wenn er nicht tödtet, wen er tödten kann: das
Gebot der Ausrottung der sieben Völker gilt für
alle Zeiten. Damit stimmt, was der Talmud Aboda
z. 26 b sagt: Fällt ein Goj in eine Grube, so
deckt man einen Stein darauf, und Raschi bemerkt dazu, man solle alle Mittel vereiteln, wo
durch der Goj hinauskommen und sich retten
könnte. Und Kethub. 3 b, auch Jebam. 22 a sagt
der Talmud: רחמנא אפקריה לורעיה דגוי דכ״
זרעת סוסים זרמתם וזרעו חשוב כורע בהמה
d. h. der Allbarmherzige erklärte für vogelfrei
die Kinder des Goj, denn es steht geschrieben:
Pferdesame ist ihr Same, und sein (des Goj) Same
wird deshalb gerechnet wie Viehsame.

Wenn unser Leben vogelfrei ist, um so mehr
gleicht unser Eigenthum dem Sand des Meeres.

יכולין בידך כל שבן גוים ‎ des Goj Leben ist in
d ● Juden Hand ‎ wie viel mehr sein Geld — das ist
 rabbinisches Axiom. Demgemäss sagt auch der Talmud Sanh. 76b, dass Gott einem Juden, der einem
Goj das Gefundene zurückgibt, diese Sünde nicht
verzeiht, denn, sagt Raschi zu dieser Stelle, ein
solcher Jude wird angesehen als einer, der einen
Goj liebt, und wer einen Goj liebt, der hasset seinen
Schöpfer. Der Schulchan (choschen ham. § 266, 1)

ist ebenso: אבדת העכום מותרת שנאמר
אבדת אחיך והמחזירה הרי זה עובר עבירה
מפני שהוא מחזיק ידי שברי עבירה ‎ : das Verlorene eines Akum ist in des Juden Hand, denn
es ist (von Moses) gesagt: das Verlorene deines
Bruders (gib zurück), und wer es (dem Akum)
zurückgibt, übertritt ein Gesetz, weil er die Macht
der Sünder stärkt.

Ich will aber die Stellen, welche das Eigenthum des Nichtjuden als Eigenthum des Juden
bezeichnen, hier nicht häufen. Derlei Anschauungen
sind selbstverständlich, wo das Judenthum sogar
über unser Leben freie Verfügung zu haben glaubt
und teuflisch lechzt, sich im Blut der Nichtjuden
zu baden.

Der blutdurstige Charakter des Rabbinismus
ist eine Thatsache der Weltgeschichte. Saulus
(Act. 9, 1) zog mordschnaubend (spirans caedis)

gegen die Christen zu Felde. Die Apostelgeschichte
meldet, wie die Juden in allen Städten, wohin
sie kamen, die heidnischen Bewohner gegen die
Christen aufstachelten. Die Juden selbst erzählen
im Seder hadoroth die von Historikern selten
beachtete Thatsache, dass Rabbiner den Tod vieler
Christen im heidnischen Rom verursachten. Anto-
ninus Pius wird gewöhnlich von aller Feindselig-
keit gegen die Christen freigesprochen. Aber
schon Haffner hat 1781 das Edictum Antonini
pro Christianis in seiner Echtheit bestritten, und
wenn auch der Kaiser (Euseb. IV, 26) einige
Städte gegen Ausbrüche der Volkswuth wider die
Christen warnte, so schliesst dies nicht aus, was
der Seder had. p. 127 erzählt; er berichtet hier,
dass Rabbenu Jehuda der Nasi die Gunst des
Monarchen besass, diesem die Schlechtigkeit der
Nazarener als Ursache einer pestartigen Krank-
heit bezeichnete und es durchsetzte, dass 3915
(d. i. 155 n C.) alle Nazarener in Rom ermordet
wurden. Ib. p. 127 wird gemeldet, dass Mark.
Aurel. auf Betreiben der Juden alle Nazarener
ermorden lies; ib. 125 heisst es, dass die Juden
3974 (d. i. 214 n. C.) in Rom über 200.000
Christen und in Cypern alle Christen umbrachten.
Der Sefer Juchasin (Amsterd. 1717) f. 108 berichtet, dass die Juden zur Zeit des Papstes
Clemens I. in und ausser Rom „wie den Sand des

Moses' zahllose Christen ermordeten. insbeson-
dere. dass Diocletian auf den Wunsch der Juden
viele Christen todtete, darunter die Päpste Cajus
und Marcellinus, sowie des Cajus Bruder und
dessen Tochter Rosa. Dass die Juden zum Herzen
Nero's Eingang fanden, ist auch sonst bekannt.

Die Schriften der Rabbiner triefen von Blut
durch alle Jahrhunderte. *) Selbst in den letzten
Decennien wagten sie. Druckwerke mit Blutstellen
zu liefern, indem sie theils neue Schriften zur
Empfehlung und Vertheidigung des rituellen Mordes verfassten, theils die älteren Geheimwerke
fortwährend neu edirten. Die neu verfassten Bücher dieser Art werden aber, da sie wie ex offo

---

* In der ersten Aufl. des Freiburger Kirchenlexicons
wird behauptet, Eisenmenger habe nicht gehörig die verschiedenen Zeiten unterschieden; die Rabbiner der verschiedenen Jahrhunderte seien eben verschiedener Gesin-
nung. Dies ist die Substanz der Behauptung. Ich erlaube
mir dagegen die wohl erwogene Bemerkung, dass Eisenmenger keine einzige sachlich falsche Stelle enthält und
die rabbinischen Schriften der ganzen Zeit nach Christus,
der frühesten wie der späteren Rabbis, ausnahmslos
denselben Anschauungen huldigen; sie sind in dieser Beziehung unwandelbar wie ein Dogma der katholischen
Kirche. — Wer mir irgend eine hebräische oder aramäische
Schrift eines orthodoxen Rabbiners zeigt, die für jüdische
Kreise bestimmt ist und die Lehre vorträgt, dass Nichtjuden
als Menschen nach den Grundsätzen der Gerechtigkeit und
Nächstenliebe, wie sie Moses lehrte, zu behandeln seien, —
dem zahle ich 1000 Gulden aus.

im Zusammenhang die Blutlehre vortragen und deshalb durch nichtjüdische Gelehrte leichter zum Nachtheil Israels ausgebeutet werden könnten, in Katalogen gar nicht oder selten angezeigt und sehr geheim gehalten; seit längerer Zeit bin ich auf der Suche nach einem derartigen Schriftstück, dessen Inhalt mir genau bekannt ist und in wörtlicher Uebersetzung veröffentlicht werden soll, sobald ich des leider abhanden gekommenen und trotz aller Recherchen seit Monaten vergeblich gesuchten Werkchens wieder habhaft werde. Einige jüdische Buchhändler antworteten auf die Bestellung, das Büchlein existire nicht, andere gaben gar keine Antwort, wieder andere lieferten ein grammatisches Werk gleichen Titels von Wesely, andere endlich schrieben: כלה מאוצרנו d. h. vergriffen; einen böhmischen Juden traf ich, der sagte, er habe das Werk, aber er gab es nicht her. Der Verfasser, Rabbi Mendel in Kossuw, starb vor etwa 20 Jahren; die Schrift heisst גן נעול hortus clausus und existirt in einigen zwanzig Auflagen, die an verschiedenen Orten, z. B. in Lemberg, gedruckt wurden.

Ich muss mich demnach gegenwärtig auf den Sohar und andere Bücher beschränken, welche zahlreiche und zum Beweise ausreichende Stellen enthalten, aber zerstreut und an verschiedenen Orten. Diese Bücher bilden die eigentliche

3

Gebaundietrn oder das נסתר (nistar), und dahin gehören eben Sohar, Sefer hakana, Schaare ora, die Werke Vital's, Lurja's u. A. Neben ihnen erscheinen als niglch oder peschat der Talmud, Le Rischonim (Rif, Halachoth gedoloth, Maimon etc.) und Acharonim (Beth Josef, Beth Chadasch, Maharal, Schaloth uteschuboth Meharasch de Modena, Lebusch von Rabbi Marcus Jaffa, Ture deheb, Sifse kohen, Magen Abraham etc.)

Entsprechend der rabbinischen Tactik, die antisemitischen und christenfeindlichen Lehren entweder in ihrer Existenz oder bezüglich ihrer fortdauernder Geltung zu leugnen, haben die Juden in Deutschland (s. „Bote aus dem Riesengebirge" s. Juli) kürzlich dem Publicum gesagt, dass der Sohar mit dem ganzen nistar für sie ebenso wenig bedeute als für die Christen etwa der dritte Brief Petri oder das 6. und 7. Buch Mose.

Dagegen muss hier bemerkt werden, dass für den darauf Blickenden die Unterscheidung von nistar und niglch, welche die Juden machen, zwar an und für sich ziemlich überflüssig ist, da die ethischen Principien, welche das Verhalten gegen Nichtjuden bestimmen, auch im niglch bestimmt genug deutlich zum Ausdruck kommen, und zwar als Sätze, deren Beobachtung Gottesdienst ist.*) Selbst jene Bestandtheile des peschāt, welche der Censur unterworfen wurden, bringen diese Grundsätze mit aller Klarheit zur Darstellung, wenn auch oft nur indirect und einschliesslich. Thatsächlich ist jedoch die Unterscheidung vorhanden und wir müssen um so mehr darauf Rücksicht nehmen, als die Werke des nistar meistens der Censur entgingen und daher manche Gedanken mit schöner Explicität aussprechen, wenn auch selten in omnibus so wie der schwerzugängliche Rabbi Mendel es gethan. Es wäre nach dem eben Gesagten richtiger, wenn die Rabbiner alle Geheimsätze, welche sie gegen die Nichtjuden lehren, als nistar bezeichnen würden, mögen sie im Talmud oder im Sohar stehen. Da indess, wie bemerkt, wegen der oft grösseren Explicität der Kabbala (nistar) letztere die Benennung des „Verborgenen‟ par eminence, das in seinem ganzen Umfang nur den Eingeweihten Israels gehört, nicht ohne Berechtigung führt, so stellen wir uns auf den Boden der Thatsache

---

*) In dieser Beziehung ist die Aeusserung des Sohar III. 244b bedeutsam: וְרַבָּנָן דְמַתְנִיתִין וְאַמּוֹרָאִין כָּל

תַּלְמוּדָא דִלְהוֹן עַל רָזֵי דְאוֹרַיְתָא סָדְרִין לֵיהּ

d. h. die Rabbis der Mischna und der Gemara haben ihren Talmud nach den Geheimnissen der Kabbala (des nistar) geordnet. Die Kabbala selbst wie der Talmud existirten eben längst schon, ehe sie schriftlich fixirt wurden.

und bemerken, dass der orthodoxe Jude das
Sistar (die Kabbala) für viel heiliger hält als
das übrige. Weit entfernt, dass die Kabbala für
die Juden nichts wäre, wie etwa ein 6. oder 7. B.
Moses, lesen wir vielmehr Tikune Sohar 82a und
114a b. dass es eine schwere Sünde ist, die
Weisheit der Kabbala zu leugnen (natürlich gegen
Nichtjuden gilt das Heucheln). Der Mafteach,
welcher dem I. Band des Přemysler Sohar bei-
gegeben ist, drückt dies in Kürze so aus: עונש
המור למי שמכחיש חכמת הקבלה ואומר
שלא יש אלא פשט שטוב היה לו שלא היה בא
לעילם d. h. Eine grosse Sünde begeht, wer die
Weisheit der Kabbala (in Wirklichkeit) leugnet und
sagt, es gebe nur peschát; es wäre ihm besser,
nicht geboren zu sein.

Die Heiligkeit der Kabbala ist so gross, dass
man sie ohne fluchwürdig zu werden, Uneinge-
weihten nicht mittheilen darf; implicite gilt diese
Vorschrift natürlich für die gleichwerthigen Lehren des übrigen, welche das Glück Israels auf den
Ruin der Christenheit bauen wollen. Wer die
Geheimnisse der Kabbala Unberufenen kundgibt,
macht sich nach Sohar III. 244a so schlecht, als
ob er sich einer Buhle zugesellte. Und der Sohar
דהא לא אתיהיב מלה דא 106 a sagt:
לגלאה אלא לחברייא דאינון בין מדציא

דאי לאו תפה רוחידהון דאינון דאתין לגלאה
לאינון דלא ידעי d. h. es ist nicht erlaubt, diese
Worte (der Kabbala) aufzudecken, ausgenommen
die Gesellschaft der Gartenarbeiter (d. h. der
Kabbalisten); denn wenn nicht hienach gehandelt
wird, so seien verflucht diejenigen, welche kommen,
(die Worte) den Nichtwissenden aufzudecken.

Die grosse Autorität der Kabbala erhellt
auch aus Folgendem. In dem Werke כנסת הגדולה,
im Anfang der כללי הפוסקים im Namen des
רדב"ז, sowie im ספר יוחסין und im שו"ת
מהר"י הלוי steht, dass man alle Gesetze der
Kabbala, welche im Talmud und in den Poskim
(Tur, Schulchan etc.) nicht vorkommen, befolgen
muss; ja wenn der Sohar gegen den Talmud
streitet, richtet man sich nach dem Sohar (so:
שיירי כנה"ג im סימן ג hagahoth beth Josef
oth 4). Ferner hat ja der Schulchan aruch hunderte von Gesetzen aus dem Sohar aufgenommen;
vgl. Orach Ch. § 4, § 25, § 31, § 32, § 56,
§ 61, § 66, Joreh deah § 89 usw. Selbst die
Reformjuden befolgen bei ihren Trauungen in
dem Ringanstecken eine kabbalisch, im Sohar
begründete Satzung; denn Eben haëzer § 27, 1,
Haga heisst es: וכן נוהגין לקדש בטבעת ויש
להם טעם בתיקוני הזוהר d. h. und so ist es
Brauch, dass man durch den Ring sich die Braut

getrant, und die dies thun, finden ihren Grund in den tikune Sohar (diesen Brauch haben aber die Juden der ganzen Welt). Wie hoch der Sohar in Israel gilt, geht auch aus der Thatsache hervor, dass alle Juden, auch die der sog. Reform, so oft vor „offener Bundeslade" gebetet wird (Montag, Donnerstag, Samstags usw.), das Gebet בריך שמיה sprechen, welches eben aus dem Sohar (II. 206a) entnommen ist.

Prof. Franz Delitzsch hat in der jüdischen Zeitschrift „Die Neuzeit" (N. 26, 29. Juni 1883) behauptet, dass die „Unrechtssätze" des Rabbinismus, welche jüngst der Judenspiegel von Dr. Justus aus dem Schulchan aushob und welche in anderer Fassung mein „Talmudjude" mittheilte, heute keine Geltung mehr hätten. Wir wissen es zu schätzen, dass Delitzsch diese „Unrechtssätze" als wirklich vorhanden anerkennt; denn die Juden werden, nachdem Freund Delitzsch, ihr Gönner und Hoherpriester, diese Anerkennung aussprach, nicht mehr das Gegentheil sagen dürfen. Indem aber Delitzsch nunmehr die andere Weise rabbinischer Tactik spielt, wo gesungen wird, die genannten „Unrechtssätze" hätten keine Geltung mehr, es seien „alte Hosen Kanaan's, die kein Mensch mehr trage": so wird man schon aus den vorangehenden Bemerkungen über die Heiligkeit der Kabbala und die grosse Pflicht ihrer

Geheimhaltung sowie über die durch Soh. III. 244b erwiesene Influenz der Kabbala auf den Talmud begreifen, dass auch diese Position völlig unhaltbar ist. Delitzsch hat sich auch sorgsam gehütet, seine Behauptung durch Gründe zu stützen, obgleich er doch wissen könnte, dass die blosse Versicherung auch eines Leipziger Profes- sors ohne schlagende Argumente in der heutigen Welt keine Bedeutung hat.

Der geneigte Leser möge also beachten, dass der Schulchan als Compendium des Talmud unter dem Einfluss der Kabbala steht und schon des- halb aus den bereits angeführten Gründen für die Juden aller Länder durchaus obligatorisch ist. Dies ist so sehr der Fall, dass der Jude Heinrich Ellenberger in seinem gegen mich ver- fassten Werk „Geschichtliches Handbuch" (Buda- pest 1883) S. 47 sagt: „Der Schulchan aruch ist seit drei Jahrhunderten das (einzige) theologische Gesetzbuch für die Juden und unser Katechismus." Der Schulchan ist eben der Talmud für die Praxis, der Inbegriff der talmudischen Rechtsbestimmun- gen, der gesetzlichen Bestandtheile des Talmud mit Weglassung der hagadischen Schnurren und des heute nicht mehr Praktischen, was einst auf den Tempeldienst in Jerusalem Bezug hatte, der beiden Sedarim זרעים und טהרות usw.

Ferner sollte Delitzsch wissen, den ja die

Juden als Kenner ihrer Geheimnisse preisen, dass
in Schaloth uteschuboth dibre noam Theil eben
ezer § 21 gesagt wird: Jene, welche sagen, dass
die Worte des Schulchan keine Nothwendigkeit
auflegen, sich nach ihnen zu richten, sie seien
verflucht und eine Schlange beisse sie; durch
unsere grossen Sünden (natürlich gegen den Geist
des Talmud) haben wir kein Synedrium *) mehr
(40 Jahre vor der Zerstörung des Tempels durch
Titus verlor er seine Geltung), aber die Worte
des Schulchan sind uns jetzt die Säulen des
Gesetzes; wir haben nicht das Recht, abzuweichen
von seinen Worten (ausgenommen wird, wenn im
Schulchan ein Wort des „heiligen" Talmud über-
sehen ist, wie z. B. in Ture sahab in Joreh
deah הִלְכוֹת דִלָה nachgewiesen wird, dass der
Schulchan ein Wort des Talmud vergass, cf. Sifse
kohen im Com. zu Choschen ham. § 92).

Weiterhin sollte Delitzsch wissen von den
zahlreichen Auszügen des Schulchan, welche die
„Unrechtssätze" als jüdisches Recht bis auf den
heutigen Tag allen Juden einprägen. So verfasste
vor etwa 100 Jahren Rabbi Abr. Danzig seine

*) Und da schreiben sie nun in den Zeitungen, in
welchen sie ihr „aufgeklärtes" Publicum bedienen, sie
wollen gegen mich ein „Synedrium" berufen, um die
Welt zu überzeugen, dass ich Unrecht habe. Das „Synedrium" der Napoleon I hat auch für Israel geredet, aber
wir wissen wie!

Schulchankatechismen ‫הי אדב‬ mit der Erklärung ‫נשמת אדם‬ und ‫הכמת אדם‬ mit ‫בינת אדב‬
So verfasste der noch lebende ungarische Rabbiner
Sal. Ganzfried seinen ‫קיצור שלהן ערוך‬ und
solcher Auszüge mit den antichristlichen „Un-
rechtssätzen" gibt es eine ganze Menge, und sie
werden fortwährend in den Katalogen der jüdischen Buchhändler ausgeboten.

Desgleichen sollte Delitzsch wissen, dass jähr-
lich von Privaten und Gemeinden viele Gewissens-
fragen an die Rabbinate gerichtet und von letzte-
ren eben vor allem nach dem Schulchan entschieden
werden. Sammlungen dieser Fragen und Entschei-
dungen (Schaloth uteschuboth) existiren viele; in
dem Katalog der Faust'schen Buchhandlung zu
Krakau finden sich für diese Sammlungen (‫סברי‬
‫שׁוּת‬) allein die Nummern 1070—1203; die
Sammlung von ‫שׁוּת‬ der vor drei oder vier Jahren
erst verstorbenen Rabbiner Natansohn in Lemberg
und Sal. Kluger in Brody füllt allein schon ganze
Folianten; die des Gaon Rabbi Schreiber, des Vaters
des letzthin verstorbenen Wiener Abgeordneten,
erschien in den letzten Jahren unter dem Titel
Chatam Sofer in sechs Theilen. Die Bücher, welche
ich als Gesetzbücher der Juden genannt habe,
sind also bis auf diese Stunde rechtsgültig; denn
umsonst schreibt man nach ihnen doch nicht

der judische Gewissensfälle Decisionen, die ganze Folianten füllen.

Endlich sollte Delitzsch wissen, was in dem Buche Leb haibri (Lemberg 1873) Theil 2 pesak beth din zu lesen ist. Nach dieser Stelle wurde noch im Herbst 1866 in Ungarn beschlossen, dass man an jedem Orte und zu jeder Zeit den Schulchan befolgen solle, selbst wenn alle Grossen gegen ihn wären und Einer aufstünde der grösser wäre als der Schulchan. Dieses Decret ist unterschrieben von 94 Rabbinern, darunter sind drei, welche in Israel als „Heilige" gelten.

Nachdem ich dies zur „Kritik der Quellen", zur Rechtfertigung der Beweiskraft der citirten Werke auseinander gesetzt habe, darf ich zur Behandlung der Blutstellen selbst übergehen. Ich gebe im Folgenden eine Sammlung solcher Stellen in drei Gruppen. Wenn man gerichtliche Aussagen judischer Deliquenten abwies, weil sie vorgeblich ausnahmslos durch unzulässigen Zwang zu Stande kamen, so kann man gegen die den rabbinischen Schriften entnommenen Stellen derlei nicht vorbringen; denn diese Schriften sind ein spontanes Product des Rabbinismus. Wie sich a priori begreifen lässt und in den zahlreichen einschlägigen Stellen auch deutlich hervortritt, ist es aber nicht persönlicher Hass. Rache für persönliche Unbilden u. dgl., wodurch sich der Rabbinismus zum Morden und zur Ausbeutung der nichtjüdischen Welt, zur Vernichtung unseres Lebens, unserer Ehre und Habe gedrängt fühlt. Es ist der nackte religiöse Fanatismus, der ihn zum Blutvergiessen und zum Zerstören treibt, das heisst, der Wahn, dadurch Gott angenehm zu werden, Vergebung der Sünden zu erlangen, die Ankunft des vermeintlich noch kommenden Messias zu beschleunigen und sich das Paradies, die ewige Seligkeit zu sichern. Insofern sind die Morde, welche in den jüdischen Büchern als heilig gepriesen werden, sämmtlich rituelle Morde, auch in den Fällen, wo das Blut der Gemordeten nicht gerade in die Mazzen gegeben wird. Rabbi Mendel in seinem בן נעיל belehrt uns, dass die Zahl der Eifrigen, welche aus religiösem Drang Menschenblut geniessen, ausser Ungarn, Galizien und überhaupt Polen unter den Orthodoxen nicht gar gross ist, aber er kämpft eben dafür, dass man von dem Blut, welches in allen Ländern Gott zu Ehren von Orthodoxen vergossen werde, auch in die Mazzen geben solle. Wer glaubt, der Begriff des Rituellen sei durch den Genuss des Blutes bedingt, ist im Irrthum. Die alten Opfer im Tempel waren gewiss rituelle Acte, aber Blutgenuss war nicht damit verknüpft. Um die Anklage des rituellen Mordes zu begründen, genügt es daher, Stellen vorzulegen, aus welchen deutlich hervorgeht, dass

man jene Morde als heilige Acte der Gottesverehrung oder als Opferhandlungen und dgl. ansieht,
und in dieser Beziehung können wir des Mendel'-
schen Werkchens allerdings entbehren, da der Sohar
und andere Schriften mit hinreichender Bestimmt-
heit reden. Die Stellen, welche in dieser Beziehung
vorhanden sind, beweisen mit grossem Nachdruck,
dass der geheime Krieg des Rabbinismus gegen
die Welt ein Religionskrieg ist. Wie Josua gegen
die Kanaaniter die „Kriege des Herrn" führte,
so wähnt es der Rabbinismus gegen uns zu thun.
Wie Amalek und die sieben Stämme Kanaan's
ein Bannopfer waren für Jehova, so nach der
Anschauung des Rabbinismus auch wir; so oft
es den Juden gelingt, unsere Gläubigen zu erwürgen, findet nach rabbinischer Idee eine Opfer-
feier für Jehova statt. So war es durch alle Jahrhunderte seit Christi Tode und so wird es bleiben
bis zum Ende der Tage, solange es wirkliche
Juden gibt. Wer daher von diesen furchtbaren
Dingen eine sichere Kenntniss hat, ist als Mensch
und Christ verpflichtet, trotz aller Widerwärtig-
keiten, die für ihn entstehen mögen, die ent-
setzliche Wirklichkeit, welche uns umgibt, zu
constatiren, um Unerfahrene zu warnen und die
christliche Gesellschaft so viel an ihm ist, zu be-
wegen, dass sie sich der Grösse ihres Glaubens-
gutes wieder bewusst werde und ihre heiligen

Interessen durch weise und kräftige Gesetze *)
schütze.

*) Wenn von gewisser Seite jüngst wieder geaussert
wurde, Gesetze seien für die Zügelung des Rabbinismus
unnütz, so war das hoffentlich nicht ernstlich gemeint.
Wenn man die grossen Ströme und die Meeresufer durch
Deiche und Dämme einfriedigt, um den Gefahren grosser
Ueberschwemmungen vorzubeugen, so wird jeder einsehen,
dass durch diese Vorsichtsmassregeln nicht jede Wassernoth
beseitigt ist. Denn nicht selten geschieht es, dass trotz aller
Dämme die Wogen einbrechen und grosse Verheerungen
anrichten. Soll man nun deshalb alle Deiche und Dämme
einreissen, keine Deiche und Dämme mehr bauen? Soll
man die Gewalt der Wässer „emancipiren", um durch „die
Macht der Wissenschaft und Civilisation" ihre Wuth zu
bändigen? Das hat man unternommen, indem man die
Juden emancipirte

V.

§ 1.

Von den Blutstellen theile ich hier zuerst eine den Jungfrauenmord betreffende Stelle aus dem Sefer haliquthim (ספר הלקוטים) mit. Dieses Werk wurde von dem Rabbi Vital (geb. 1543 † 1620) verfasst, der bei den Juden als „heilig" gilt und auch auf dem Titelblatt des mir vorliegenden Druckes von 1868 [*] als solcher bezeichnet wird. Diese Ausgabe von 1868 ist bei Back in Jerusalem in der von Moses Montefiore geschenkten eigenen Druckerei hergestellt. Vital war ein Vertreter und Schüler des noch „heiligeren" Rabbi Luria.

In diesem Werke wird fol. 156 a eine Erklärung der schwierigen Bibelstelle Spr. 30, 19 (so auch in virgine, hebr. דרך גבר בעלמה) gegeben, und zwar auf folgende Weise. וגם מצאתי

פירוש לרביעית הנזכרה מכתב יד דרב יה
ואכתוב אותה פה ואבארה בעזרה דלשי[?]
הוא כי נפלא ממני איך יהיה דם בתולים

---

* II רעישרי[?] — 5628. also, da die Juden
*† vor 15 Jahren, also 1868.

בעירם העליון כי כל הדברים שנתקללו למטה
בכביכול נפגמו למעלה כנגדם ואחר שהכלה
הכלולה בתולה ואיש לא ידעה מהקליפות הו
ולא עוד אלא שהזווג אינו נעשה אלא על ידי
התבסמות הדינים וגוברת הרחמים ומנין יגיע
שב אדמימות דם הגזרה דינים אלפי שהוא
טהור זו קשיא עצומה והיא על דרך מה
שפירשתי בדרך וגו׳ וגו׳ das heisst: auch habe ich
für das erwähnte Vierte (via viri in virgine)
eine Erklärung gefunden in der Handschrift des
Meisters (Lurja), gesegnet sei sein Andenken,
und ich will sie hier nieder schreiben und
kurz auseinander setzen. Und dies ist die
Sache, dass wir nicht begreifen, wie theuer
das Blut der Jungfrau in der oberen Welt ist.
Denn durch alles, was auf Erden fluchwürdig ist,
werden gleichsam entehrt die Himmlischen, und
sodann ist die Braut, obgleich sie unversehrt ist,
eine Jungfrau, die kein Mann erkannte, doch aus
den Schaalen (Klipoth), Gott behüte uns vor ihnen.)
Aber nicht blos dies, sondern auch die Vereinigung
geschieht nur durch die Milderung der Strenge (des

---

*) הס ושלוב = הו parce et pax sit wie etwa
das lat. quod absit, quod Deus clementer avertat. Wegen
der Verächtlichkeit der klipoth darf man הו immerhin auch
הזירהותורתא sus et bovina deuten — indess ad libi-
tum, die Sache selbst bleibt davon unberührt.

Gerichts) und die Stärkung (Vergrösserung) der
Barmherzigkeit; und (dies) wodurch? Dadurch, dass
dorthin (nach oben) reicht das rothe Blut, welches
an sich das Gericht (die Strenge) anzeigt, obgleich
es reinigende (sühnende) Kraft hat. Und dies ist
eine grosse Sache, und auf diese Weise erkläre
ich die via etc.

Die biblische Stelle Spr. 30, 19 und Vital's
Text wurden von Delitzsch im sexuellen Sinn aus-
gelegt. Beide sind durchaus messianischer Art,
wie ich jetzt zeigen will.

Die biblische Stelle wurde wohl in den Tagen
des Ezechias geschrieben, nachdem Isaias (Cap. 7)
in dem הָעַלְמָה הִנֵּה die virgo-mater des Erlösers geweissagt hatte. Auf die messianische
Mutter geht auch unser Satz Spr. 30, 19. Wie
man in der Luft, sagt Agur, vergeblich die Spur
des Adlers, auf der Woge vergeblich die Spur
des Schiffes sucht, welches sie durchschnitt, so
weiss ich von einer*) Jungfrau (und welch' einer!),
die ein Mann (und welch' einer!) heimsucht, ohne
dass sich für das natürliche Auge eine Spur der
Mutterschaft an ihrem Körper nachweisen lässt,
so wenig als sich (Spr. 30, 20) bei einer ver-
heiratheten Ehebrecherin ein Zeichen ihres un-

---

*) עַלְמָה ohne Artikel ist die semitische Indetermi-
nation ad amplificandum! Qualis! Cf. de Sacy, Anthol.
Gram. 50

erlaubten Umganges findet. Wie sich überall das
Erhabene und das Niedrige berührt, so auch hier.
Die ungläubige Judenschaft hat auf Jesum ihre
‏תולדות ישׁ‎ geschrieben, indem sie Maria als
eine ‏אישׁה מנאפה‎ ansah. wie die Naturwelt
die virgo cum viro Spr. 30, 19) gleich der adul-
tera v. 20 zu betrachten pflegt. Der Seher aber
stellt beide neben einander. die hehre Jungfrau —
Mutter neben ihr Zerrbild, um den gläubigen Leser
zu belehren, dass sie nicht zu identificiren sind.

Wäre die via viri in virgine nicht von der
übernatürlichen Empfängniss des Erlösers gemeint. welche das Evangelium als ein Werk des
hl. Geistes bezeichnet (quod natum est in ea. de
Spiritu Sancto est), so würde man freilich mit
Delitzsch das gewöhnlich Sexuelle zu verstehen
haben. Dies geht aber im Context nicht an. Denn
die Vergleichungspunkte. welche Spr. 30. 18 an die
Hand gibt, fordern. dass die unauffindliche Spur die
virgo. die Luft. das Meer betrifft: eine virgo. sagt
der Seher, wird heimsuchen ein Mann. ohne dass
eine Spur seines Umganges an ihr zurückbleibt
wie die Luft von dem Adler durchzogen wird
und keine Spur dieses Weges in ihr gefunden
wird. Die Spur des natürlichen Verkehres eines
Mannes mit einer Jungfrau ist aber selbsver-
ständlich an der Frauensperson constatirbar. Und
wenn die Zeit Agur's. was wohl nicht wahrscheinlich

l

... .. Mittel ... mit hatte, wodurch raffinirte
P...... ohne Verlust der physischen Virginität
... Sache zu leben verstehen. [*] ... konnte selbst
... Fall dem Verfasser gleichgültig sein. Denn
hätte ... das natürlich Sexuelle im Auge gehabt, so
würde ... Spruch auf die Warnung eines jungen
Mann... ... der virgo abzielen. Diese Warnung fiele
aber ins Wasser, da er nach dem Context sagen
würde: hüte dich, junger Mensch, vor ihr, denn sie
weiss ihre Schande zu verbergen, indem sie die
... virginitatis zu bewahren versteht. Das wäre
eine lächerliche Warnung für den jungen Mann,
der weder selbst die Zeichen der Sünde an sich
trägt noch durch die Zuständlichkeit der weiblichen Person Gefahren zu befürchten hat. Denn
wird die Person durch die Folgen der That
erkannt — und dieser Fall ist hier durch die
V.. dargebotenen Vergleichungspunkte, welche
eine Unverletztheit der עלמה postuliren, schon
... ausgeschlossen — so geht der leichtsinnige
Mann sogleich davon, weil er an sich keine Spuren der Sünde trägt und deshalb nicht zu ent-
decken ist. Weiss aber das Weibsbild sich durch

---

[*] Der ... Carmoly 2, 157 sagt: „La conservation
de ... ... la virginité après la perte de
... ... fait, qu a été nombre de fois constanté
... ... de l'art. On en trouve des exemples dans
... ... de la legale et de chirurgie." Cf. Talmud
... ...

raffinirte Mittel als intacta zu geriren, so besteht
für den Mann um so weniger eine Gefahr. Wollte
aber umgekehrt der Verfasser eine Jungfrau vor
dem leichtsinnigen Jüngling warnen, so müsste
er wiederum ganz anders reden, als er wirklich
redet. Denn die עַלְמָה welche er meint, ist ja
eben eine solche, die nach ihrem Verkehr mit
einem Mann keine Spuren des Umgangs an sich
trägt, so wenig, als die Luft eine Spur des Adlers,
das Meer eine Spur des in ihm dahergefahrenen
Schiffes bewahrt; die Warnung sich zu hüten
vor dem Jüngling, durch den sie eben wegen
ihrer Raffinirtheit nicht in die Gefahr des schlechten
Namens käme, ist also ganz gegenstandlos, wie
schon überhaupt die Verhandlung mit einer derartigen Person für den auf Zucht und Sitte be-
dachten Verfasser als eine Unmöglichkeit erscheint.

Selbst diejenigen, welche an eine Offenbarung
nicht glauben, müssen nach den Stellen, welche
z. B. Lücken (Traditionen des Menschenge-
schlechtes) über die auch im Heidenthum uralte
Erwartung eines Welterlösers als des Sohnes einer
Jungfrau mittheilt, — zugeben, dass unser Verfasser, da sich eine gewöhnlich sexuelle Deutung
seines Spruches durchaus nicht in den Context
schicken will, wenigstens die erwähnte auch im
Heidenthum vorhandene Idee von der Jungfrau-

Mutter des Gotteskindes gehabt und hier zum Ausdruck gebracht habe.

Auch die jüdische Ueberlieferung hat für die messianische Auffassung unserer Stelle wichtige Beiträge geliefert. So sagt der Sohar III. (ויקרא) 47a:*) die Welt sagt, die עלמה Spr. 30, 19 habe gesündigt, aber nach dem Urtheil des Himmels, in Wirklichkeit, hat sie sich mit dem heiligen Geiste vereinigt. Bekannt ist, dass der Sohar wiederholt bemerkt, גבר (vir) sei in der h. Schrift oft die Bezeichnung des heiligen Geistes. Der berühmte Verfasser des שער המלך, ein Gaon (d. h. Excellenz), sagt auch, indem er eine in Chagiga 11 mitgetheilte Thorheit bespricht, dass eine עלמה (virgo) durch Gottes Wunder Mutter sein könne, da Gott selbst bei Isaias Cap. 7 dies ja geweissagt habe.

Rabbi Vital, der „Heilige", gibt nun eine Erklärung von Spr. 30, welche ebenfalls durchaus messianischen Charakter hat, obgleich sie in das Himmlische das Dämonische mengt, denn er lehrt

---

*) Ich citire den Sohar nach der Ausgabe von Pressburg, gauze in drei Bänden. שמות und ויקרא ... enthält, weshalb Sch. III. ohne ויקרא ... der 3. Band der genannten Edition ... III ויקרא den zweiten Theil ... der Ausgabe meint.

dass die Ankunft des Messias, der nach dem
Sohar l. c. per Spiritum Sanctum kommen muss,
durch die blutige Opferung nichtjüdischer Jungfrauen beschleunigt werde.

Wie die Stelle des biblischen Spruchbuches,
so haben Delitzsch und ein „J" wohl (Jellinek)
in der „Neuzeit" (N. 27, 1853) auch den Vital'-
schen Text kürzlich im sexuellen Sinne auslegen
wollen, indem sie behaupten, es handle sich bei
Vital lediglich um die prima nox matrimonii.
Einen Beweis hat freilich keiner gebracht, ja
nicht einmal versucht. Dass der Rabbinismus
vor dem Publicum à la Delitzsch redet und Delitzsch à la Rabbinismus, ist selbstverständlich.
Dass aber die orthodoxen Rabbiner unter sich
anders sprechen und das Religionsgeheimniss des
Jungfrauenmordes preisen, will ich jetzt beweisen.

Zunächst spricht schon die Unmöglichkeit,
die erwähnte Bibelstelle im Context auf etwas
anderes denn auf die messianische Mutter zu
deuten, für die Ueberzeugung, dass der mit den
Traditionen Israels so innig vertraute Vital und
sein Lehrer Lurja an die prima nox nicht gedacht
haben können. Vergeblich würde man auf den
Umstand hinweisen, dass Vital den Ausdruck
דם בתולים gebraucht. Denn בתולה hat im
plural nicht blos בתולות, sondern auch בתולים.
Die sog. ברכת בתולים, welche so oft in den

V... ... vorkommt. genügt hier zum Belege;
... Worte bez. die Einsegnung der Bräute zum
Ehestande, wenn diese Jungfrauen sind: so ist
. B. im Sefer midrasch Talpioth (Warschau 1875)
Bd. I S. 109 die Ueberschrift für die Einsegnung der jungfräulichen Bräute בִּרְכַּת בְּתוּלִים.
Ohnehin ist aber in jedem Lexicon zu ersehen,
dass בְּתוּלִים nicht blos die signa materialia
virginitatis, sondern auch überhaupt den Stand
der virginitas bezeichnet und demgemäss auch
das durch Mord vergossene Blut der Jungfrau
als דַּם בְּתוּלִים (Sanguis virginalis) benannt
werden konnte, wenn בְּתוּלָה nicht wirklich den
Plural בְּתוּלִים bilden würde. Nun kommt aber
hinzu, dass Vital die Jungfrau, deren Blut Gott
so theuer ist, als eine Braut bezeichnet, eine
Blutbraut, die בְּלִלָה d. h. integra ist, eine
בְּתוּלָה d. i. virgo, eine nondum cognita (וְאִישׁ
לֹא יְדָעָהּ): das Blut einer virgo integra, nondum cognita ist doch wahrlich nicht das Blut
einer cognita: an die prima nox zu denken, ist
daher einfach unmöglich. Dazu kommt, dass
Vital für das orthodoxe Judenthum schrieb, das
ihn als einen seiner berühmtesten Lehrer verehrt.
Für den Orthodoxen ist nun aber die Ehe mit
einer Nichtjüdin unter schwerer Sünde verboten.
Hätte also Vital an die prima nox gedacht, so
würde er die Ehe eines orthodoxen Juden mit

einer Nichtjüdin für erlaubt, ja für sehr heilig
erklärt haben.

Dass aber die Jungfrau, von deren Blut er
redet, eine Nichtjüdin ist, folgt aus dem Umstande,
dass er sie zu den קְלִיפִין (Schaalen) rechnet. Dieser
Ausdruck bezeichnet die Nichtjuden. Im Sohar II.
108 b heisst es: עַמִּין עֲבֵד דְּאִינוּן קְלִיפָה d. h.
die Völker der Akum, die da sind die Schale. Die Benennung der nach altjüdischer Meinung 70 nichtjüdischen Völker als Schaalen ist aber eine über-
tragene. Denn zunächst heissen die bösen Geister,
welche als Fürsten jener Völker gelten, קְלִיפִין;
denn die Seelen der nichtjüdischen Völker sind
von den Kräften der Schaalen: נְפִישׁוֹת הָאוּמוֹת
שֶׁבְּעֵי הָמָה מִבַּחַת הַצִּיוֹנוֹת כֹּחוֹת הַקְּלִיפוֹת
כֵּל fol. 4 b Vorrede); ebenso Emek hammelech
23 d cp. 43 schaar otam hattohu: הֵם נְשִׁישׁוֹת יֵשׁ
לָהֶם נֶפֶשׁ מִן הַקְּלִיפָה הַנִּקְרֵאת מָוֶת וְצֵל מָוֶת
d. h. die Seelen der Gottlosen sind von der
Schaale (Klipa), die genannt wird Tod und
Schatten des Todes. Die Gottlosen und die
Völker der Welt sind, wie man durch die Ver-
gleichung der beiden letzten Stellen sieht, identisch. Dazu gehören natürlich auch die Christen.
Denn Abarbanel einerseits sagt im Maschmia Jesu
f. 36 d: הַנַּצָרִים הֵם הָרוֹמִיִּים בְּנֵי אֱדוֹם d. h.
die Christen sind die Römer, die Kinder Edoms;

und anders(ts sagt der Prager Machzor I. f. 13 b:

גברת ממלכות זהו אדם הרשעה שהיא עכשיו

מלכות גברת שממלכותה פשוטה בכל העולם

d. h. das mächtige Reich das ist das gottlose Edom, welches jetzt das mächtige Reich ist, dessen Herrschaft sich in der ganzen Welt ausbreitet: offenbar kann der Machzor dieses Edom nur von der Christenheit verstehen.

Im Schefa tal f. 11 c heisst es ferner: הקב"ה

ברא יצר טוב ויצר רע ברא צד טהרה ברא

צד הטומאה . . צד טהרה הם הספירות

הקדושות . . צד הטומאה הב הקליפות d. h.

der Heilige, gelobt sei er, schuf die gute Natur und er schuf die böse Natur, er schuf die reine Seite und er schuf die unreine Seite; die reine Seite sind die heiligen Sefiroth, die unreine Seite sind die Schaalen. Der Sohar I. 13 a sagt: עמין

עכו"ם דאתיין מסטרא אחרא דמסאבא d. h.

die Völker der Akum kommen von der anderen Seite, die verunreinigt. Der Sohar I. 27 a sagt:

קליפין דיליה (דסמאל) מסטרא דא וטיב

מסטרא דא . . . . ודא אסור והיתר כשר יפסיל

טומאה וטהרה d. i. seine (des Teufels) Schaalen

sind von dieser Seite und die Guten von jener Seite . . . und dies (dieser Gegensatz der beiden Seiten) ist bezeichnet durch verboten und erlaubt, recht und schlecht, unrein und rein. — Sammael,

der oberste Teufel. wird auch das Haupt der
Schaalen genannt und er ist zugleich der Fürst
der Amalekiter. die noch jetzt existiren und besonders die Christen umfassen. Denn der Jalkut
chadasch fol. 109 c. n. 74 sagt: שׂר שׁל עֲמָלֵק

הוּא רֹאשׁ הַקְלִיפוֹת d. h. der Fürst Amalek's ist
das Haupt der Schaalen; und der Prager Machzor
II. fol 15 b sagt: עֲמָלֵק הָרֶשַׁע מוֹשֵׁל בְכָל
הָעוֹלָם der gottlose Amalek regiert in der ganzen
Welt — was natürlich nur auf die in der ganzen
Welt verbreitete Christenheit gehen kann. Nach
Schaare Zedek 2 d wohnt Gott mit den Guten im
הֵיכַל פְּנִימִי (im inneren Palast). die Fürsten der
Welt umgeben ihn wie Schaalen (קְלִיפוֹת) die
Frucht. Auch nach Schefa tal f. 80 c sind die
Fürsten der Welt, die Teufel, קְלִיפוֹת und sie
befinden sich ausserhalb der heiligen Kugel. denn
die Gottlosen wandeln rings herum: כִּי סָבִיב
רְשָׁעִים יִתְהַלָּכוּן Maarecheth haelahuth 60 a heisst
es: קְלִיפוֹת שֶׁהֵם שָׂרֵי הָאוּמוֹת סָבִיב הָאָרֶץ
d. i. die Schaalen, welche die Fürsten der Völker
sind, umgeben rings die Erde. Von diesen bösen
Geistern kommen, wie wir sahen, die Seelen der
Nichtjuden und darum werden auch sie Schaalen
genannt. Vital selbst sagt im Sefer halq. 13 b.
dass die עַכּוּם (Akum) rechte, richtige Schaalen
sind (שָׁם תַּכְלִית אֲחִיזַת הַקְלִיפוֹת) scil. bei

er Akum, zu welchen der מיני gehörte, den
Moses erschlug; und th. 55 b sagt er הקליפות
עריות בני גוים (die Schaalen und die Gojim
sind wie sie).

Stellen dieser Art gibt es noch viele. Die
vorgelegten genügen aber, um zu erkennen, dass
Vital, indem er von den Jungfrauen aus den
Schaalen, קליפות, redet, nur nichtjüdische Jungfrauen meinen konnte.

Von dem Blut dieser Jungfrauen sagt er
nun weiter, es bewirke die „Vereinigung", den
יחוד, indem es zum Himmel aufreichend die
Strenge, den Zorn des Gerichtes mildere und die
Barmherzigkeit stärke; durch seine rothe Farbe
symbolisire es an und für sich das Gericht, die
Strenge, obgleich es in diesem Fall, als Blut der
Jungfrau, rein sei und reinigende, sühnende Kraft
besitze.

Dieser Passus bedeutet, dass durch das Blut
der geopferten Nichtjüdin Gottes Zorn gegen die
Juden abnimmt und sein Erbarmen gegen Israel
zunimmt, so dass er endlich den Messias, den
Israels Sünden (gegen Talmud und Zugehör) auf-
halten, als das Erzeugniss der himmlischen Vereinigung (יחוד) senden kann. Der Beweis für
diese Erklärung ist leicht zu führen.

Dass die „Vereinigung", von der Vital redet,
etwas sehr Bedeutsames in der jüdischen Theo-

logie sein muss. zeigt unsere Stelle auf den ersten
Blick. Und dass diese „Vereinigung" etwas sehr
Bekanntes in dieser Theologie ist. tritt durch die
kurze Redeweise des Verfassers ebenfalls deutlich
hervor; er spricht eben von Allbekanntem und
begnügt sich daher. die Sache blos zu nennen
oder mit einem Worte anzudeuten. In dem
Werke über die Kabbala von Franck. übersetzt
von Adolf Gelinek (wohl der jetzige Wiener Adolf
Jellinek). Leipzig 1844. findet sich im 3. Capitel
der 2. Abtheilung Einiges. was diesen Gegenstand
streift. Aber Franck und Gelinek haben es nicht
verstanden. die Sache in ihrem ganzen Umfang
zu besprechen; die Lehre der Kabbala über den
Messias wird kaum darin erwähnt. und doch wäre
eben dies für nichtjüdische Leser von grossem
Interesse gewesen.

Im Kreise der kabbalistischen Sefiroth. bemerkt
Franck l. c., gehen aus dem Schoosse der abso-
luten Einheit zwei unzertrennliche Principien gleich-
laufend hervor, ein männliches oder actives. welches die Weisheit (חכמה) heisst, und ein weib-
liches oder passives, welches בינה (Verstand)
genannt wird. Die Weisheit heisst der Vater, der
Verstand die Mutter, ihre Vereinigung ist der
זיווג (Ziwug). Zwei andere Sefiroth. welche sich
„vereinigen", sind die „Schönheit". welche als
König, und die „Schechina". welche als Matrone

oder Königin dargestellt wird. Der König und die
Königin sind für die Zeugung der menschlichen
(d. i. jüdischen) Seele, was Mann und Frau für
die Erzeugung des Körpers sind. Auf diesem
Wege steigt die Seele auf die Erde nieder. Wenn
die Seele auf Erden ihre Mission erfüllt hat und
mit allen Tugenden geziert für den Himmel reif
ist, steigt sie auf, um in Gott zurückgenommen
zu werden. Dieses Glück ist aber nur den Juden
beschieden, von den übrigen Völkern fliegen nur
jene Funken (נִיצוֹץ und נִיצוֹצוֹת) in Gottes
Substanz zurück, welche bei ihrem Anfang in sie
hineingeriethen. So tödtete Moses nach Vital (Sefer
halq. 13b) den Aegypter, um den Funken her-
auszuziehen, den dieser bei seiner Erschaffung
empfangen haben konnte. Wie nämlich der Schmied,
wenn er das Eisen hämmert, nach allen Seiten
hin Funken sprühen lässt, so liess auch Gott,
indem er die gute und die böse Seite erschuf,
von seinen Lichtfunken in die Seelen der Bösen
etliche kommen. Es sind 288 Funken, welche in
den Seelen der linken Seite vertheilt sind; sie
werden beim Tode der Sünder befreit und steigen
zurück in Gott, den Urgrund. Wie die aquae
femininae im Generationsprocess erforderlich sind,
so sind auch jene 288 Funken, die בְּחִינוֹת d. h.
Gegenbilder oder Antitypen der aquae femininae,
der מַיִם נוּקְבִין, für die himmlische „Vereini-

gung, aus welcher neue Seelen und endlich der
Messias hervorgeht, von hoher Bedeutung; und
diese Funken, deren Erlösung die Ankunft des
Messias beschleunigt, zieht man aus den Klipoth,
indem man die Klipoth wie Moses den Aegypter
todtschlägt. Indem diese Funken in Gott zurück-
kehren, wird er gestärkt, so dass sein Erbarmen
gegen Israel wächst und endlich jener Ziwug
(Vereinigung) stattfinden kann, aus welcher der
Messias hervorgeht.

Der Mikdasch Melech zu Sohar I. 16a sagt:

רפ״ח ניצוצין שבתוך הקליפות נקראים אבנים
לפי שהם נוקבין בהינות מיין נוקבין ואבן
היא נקבה ורפ״ח ניצוצין שנקראים אבנים
משוקעים בתוך התהו שנבלעים בתוכה d. h.

die 288 Funken, welche in den Schaalen sind,
heissen (im Sohar) Steine, weil sie Weiber sind,
Antitypen der aquae femininae, und der Stein
ist ein Weib, und die 288 Funken, welche
Steine heissen, werden hinabgestürzt in den Ab-
grund, damit sie verschlungen werden in ihm.
Der Sohar will sagen, dass die 288 Funken, wenn
sie ausgezogen werden, in den göttlichen Urgrund
geworfen werden und deshalb mit Steinen verglichen werden; anderseits heissen sie Weiber in
der Kabbala, weil sie für die göttliche „Vereini-

... den aquae femininae der irdischen Gene-
... entsprechen.

An diesen Funken haben Könige und Weiber
den grössten Antheil, ohne Zweifel jene wegen
ihrer Macht, diese als Quell des Lebens. Der
M... dieses Moloch L. e. sagt: יומי שיתגלי הכונ...

יהליפות אי אפשר יי ... שיתרשית
העולמית ... אשר בי יהוד יי מיתת הרוכים
כלל ... d. i. um zu beseitigen die Schlacken und
Schalen, muss man eine Umwälzung der Welt
bewirken... die nur sein kann durch Ermordung
der Könige ... und Weiber.

Unter den Weibern ragen die Jungfrauen
hervor. Denn Sohar I. 51a heisst es: כתיב דברים

לב כי יהוה נערה בתולה נער כתיב ביא ה
שום בגין דלא אתדברת בדכורא יכבד אתר
דלא אשתכדי דכר ונוקבא הא לא אשירב־
וכלקא מתמן ... וחדא כדין בלא אתגבר בד־
איהי אתדבקת בנהורא חיורא וישראל מיתדב־ן
בה ... ודא הוא רזא דרדבנא דתנינא דכ־יי
אתער ליה להאי נהורא לאדכרא יכר אתר־י
אתגבר בנהורא חיורא ושרגא דדיר בדיר־א
... d. i. steht geschrieben (Deut. 22, 23): wenn
es ist eine puella virgo (נערה), wo נער ohne ה
... d. i. Warum? Weil sie nicht vereinigt war mit
... Mann, und überall an der Bibel, wo nicht

Mann und Frau gefunden werden, wird nicht gefunden das he (von נִעְרָה) und es geht weg
davon (von dem Wort נִעְרָה) . . . . in dieser (folgender) Weise wird alles (in Gott) zu Einem verstärkt: sie (die Jungfrau) vereinigt sich (nach
ihrer Hinopferung) mit dem weissen Licht und
Israel vereinigt sich mit ihr . . . und dies ist das
Geheimniss des Opfers, welches wir gelernt haben,
es (das Opfer) steigt empor und verursacht, dass
sich entzündet jenes (andere) Licht, und wenn es
entzündet ist, wird es verstärkt durch das weisse
Licht und die Flamme brennt in einer Einheit.

Die beiden Lichter sind „Weisheit" und
„Verstand" (הכמה und בינה), welche durch
das Emporsteigen der mittelst einer Opferung von
Jungfrauen erlösten Funken sich verbinden, den
זיווג. die „Vereinigung", eingehen; mit den
emporsteigenden Funken vereinigt sich das be-
tende Israel, welches aus der „Vereinigung" der
Sefiroth den Messias erwartet. In Uebereinstim-
mung hiemit sagt auch Vital l. c. 158 a. דרך
נבר בעלמה . . . דרך שמשפיע החכמה לבינה
i. e. via viri in virgine . . adducit „sapientiam"
ad „intellectum"; es ist die adductio zur himmlischen „Vereinigung" offenbar gemeint und somit
wiederum klar, dass Vital weit entfernt war, an
eine irdische Brautnacht zu denken.

Dass in den Weibern der Klipoth mehr Funken stecken als in den Männern, bei der Ankunft
des Messias aber alle heraus sein werden, wird
wiederholt hervorgehoben. So sagt Mikdasch Melech zu Sohar I. 27b: דע כי יש שרשים של

נשמות שלא יצאו מהקליפות ורק הזכרים ולא
הנקבות עד המשיח רל' אפילו אותם שלא
יכלו להוציא מנשותיהם של הקליפות הנה
בביאת המשיח או יצאו הכל מהקליפות d. i.

„wisse, dass es Seelenwurzeln (Funken) gibt,
die aus den Schalen (Klipoth) nicht weichen,
wohl aus den Männern, aber nicht aus den Weibern, bevor der Messias kommt, das will sagen,
auch diese Funken, welche man aus den Weibern
der Klipoth nicht herausbringen kann, siehe, beim
Erscheinen des Messias werden alle aus den Klipoth weichen." Durch diese Stelle wird die auch
sonst in der rabbinischen Theologie ausgespro-
chene Lehre vorgetragen, dass der Messias die
letzten Ueberbleibsel der Nichtjuden vernichten
wird, so dass in seinem Reich nur Juden sein
werden. Für das gewöhnliche Volk hat der Rabbinismus dieses Dogma nach Drach (Deuxième
lettre d'un rabbin converti, Paris 1827 p. 99) be-
reich der Christen in folgender Weise ein-
gekleidet. Der Messias, sagt man, wird sich mit
den Christen u. die er noch vorfindet, einen Spass

machen, indem er die Juden in ihrer Masse, um
sie in's heilige Land zu führen, auf seinen Esel
(gewiss einen riesenhaften!) setzt und die Christen
anweiset, auf dem Schweif des Thieres Platz zu
nehmen. Der Messias, die Juden und die Christen
ziehen dann auf einer papiernen Brücke über das
Meer und am Ende der Brücke angelangt schüttelt
der hinterlistige jüdische Esel den Schwanz, dass
die Christen durch die nun zerreissende Papier-
brücke in's Meer fallen und ertrinken, und der
Spass ist fertig — alle „Funken“, die noch in
ihnen waren, sind erlöset.

Die „Vereinigung“ der Sefirot (הכמה und
בינה. יסוד und מלכות. זעיר אנפין und dessen
נוקבה) wird oft in der Kabbala besprochen.
Vernehmen wir noch, wie Vital selbst über die
Herbeischaffung der aquae femininae zum Zweck
der genannten „Vereinigung“ redet. Er sagt im
Schaar hakdamoth (Jerusalem bei Back 1871)
schaar 6 derusch 2 fol. 33 b: כי יסוד הדבר
אנחנו מעלים מין נוקבין לצורך הזיווג וז"א
ונוקביה בשתי אופנין האחד הוא על ידי נפילת
אפים כי בזה הם מעלים ניצוצי הקדושה
שבתוך הקליפות שבכל עולם מן עולמות ב"ע
אל רחל נוקביה דז"א האופן הב הוא ע"י
הריגת הקליפות וירידתו מן העולם כי או גם

הם מעלים ניצוצי קדושה שבתוך הקליפית

בסוד מיין נוקבין אל נוקביה הוא וע״י כן

מזדווגים זא ונוקביה ומתקנן את הניצוצית

ההם וכדוגמא זו גם כן היא ונוקביה כי

כאשר הם עולים אל אוא בעת יחוד בנדע

אז מעלים עמהם הנובלות של איא ישעים

אותם אל אימא בסוד מן אלהה וע״כ נירניב

וזוג אוא ומתקנן הניצוצות ההם שער׳ בכר

פעם קצת קצת וכן הדבר נמשך עד שיכל

כל הניצוצות שבתוך הקליפות להתברר

ולהתתקן ואז יבא משיח בנדע Für den Zweck
der „Vereinigung" des „kleinen Gesichtes" (זעיר
אנפין) und „seiner Frau" (der beiden Sefiroth)
fuhren also die Juden hinauf die מיין נוקבין.
die weiblichen Wässer, die aquas femininas, und
zwar auf zweierlei Art. Einmal durch ein noch
heute übliches mit Prosternation auf das Gesicht
verrichtetes Gebet (נפילת אפים), welches an sich
schon als tödtlich für Mitglieder der Klipoth gilt.
dann, indem man Angehörige der Klipoth hand-
greiflich todtschlägt (הריגת הקליפות). So ent-
steht durch das Todtschlagen, welches die Funken
emporsendet, die „Vereinigung" der Sefiroth,
wodurch Gott gegen Sammaël und Lilith, welche
das Kommen des Messias hindern, gestärkt wird.
dass er endlich alle Akum beseitigen und den

Messias senden kann; wenn alle Funken aus den Klipoth verschwunden sind (עד שיכלו כל הניצוצות ישתתוך הקל). dann kommt der Messias. wie bekannt ist (או יבא משיח כנודע).

Nach diesen Stellen ist klar. dass nach Vital's Ausdruck das Erbarmen Gottes gegen Israel zunimmt und seine Strenge sich mildert. wenn die Juden durch den Opfertod nichtjüdischer Jungfrauen die Vereinigung der Sefiroth befördern. aus welcher endlich der Messias hervorgeht.

§ 2.

Wir können aber noch weitere Beweise anführen. dass die rabbinische Theologie das Menschenopfer lehrt.

Sohar I. 27 b heisst es: .. שכינתא בגלותא דבומנא דעריב רב דאינן נגע רע ... עמלקים לית רשו לקבה לקרבא ביניהו ... סוף סוף בומנא דעריב רב מעורבין בישראל לית קריבו יהודא באתון שב יהוה ומיד דיתמחון מעלמא אתמר באתון דקבה וזכריה יד) ביום ההוא יהיה יהוה אחד ושמו אחד d. h. die Schechina ist in Gefangenschaft .. Denn in der Zeit des grossen Gesindels. das da ist eine böse Plage und Amalek. hat der Heilige. gelobt sei er. keine Macht. Israel zu nahen. ... endlich. zur

Zeit des grossen Gesindels, das sich unter die Juden gemengt hat, ist nicht Annäherung und Vereinigung der Buchstaben des Namens Jehova; aber sobald sie (die Amalekiter, die Leute des Gesindels) vertilgt sind aus der Welt, wird es heissen von den Buchstaben des Heiligen, gelobt sei er, an jenem Tage (Zach. 14) wird Jehova Einer sein und sein Name Einer.

Die Kabbala (Drach harmonie 1, 286 ff.) lehrt nämlich, dass der Name Jehova in den 3 ersten Buchstaben י, ה, ו den כתר, die חכמה und בינה (Krone, Weisheit, Verstand) oder אב בן und רוח הקדש (Vater, Sohn, h. Geist) bezeichnet, dass aber der heilige Name erst vollständig ist, wenn der zweite Buchstabe ה, die חכמה עלאה (sapientia superior) durch den heiligen Geist (רוח הקדש) auch חכמה תתאה (sapientia terrestris) wird geworden sein d. h. wenn die zweite Person eine menschliche Natur annehmend auf Erden als Messias erschienen ist; dann ist das ה in neuer Gestalt, der heilige Name hat sein he finale und ist vollständig (יהוה). Bis dahin ist die Schechina in Gefangenschaft, vgl. Sohar Lev. 47 a. Nun ist es der ערב רב, das grosse Gesindel, welches die Erlösung der Schechina, die Ankunft des Messias aufhält.

Das Gesindel, welches sich beim Auszug aus Aegypten an Israel anhängte, heisst im Exodus

ערב רב und diese Bezeichnung gilt jetzt für alle
Nichtjuden. welche auf der Welt mit Juden zu-
sammenwohnen. Denn Sohar III. 125 a heisst es:

ערב רב עמי הארץ אינון חשוכין ולא אתקריאו
ישראל d. h. das grosse Gesindel sind die Völker
der Erde. sie sind finster und werden nicht Juden
genannt. Und ib. 125 b: .. בין ערב רב רשיעייא

בכל קרתא וקרתא ובכל אתר דישראל
מפזרין בניהו אינון ערב רב רעין על ישראל
עאנא דקבה d. h. unter das Gesindel der Gottlosen .. in allen Städten und an jedem Ort ist es.
wo Israel unter sie zerstreut ist: diese sind das
grosse Gesindel. welches herrscht über Israel. die
Heerde des Heiligen. gelobt sei er.

Es ist also nicht zweifelhaft. was mit den
Gesindel. dessen Vernichtung nach Soh. I. 27 die
Ankunft des Messias bedingt. gemeint ist.

Dasselbe lehrt der Sohar I. 28 a: וייצר יהוה

אלהים מן האדמה כל חית השדה וכל עוף
השמים וי לעלמא אטימין לבא וסתימין עינין
דלא מסתכלין ברזי דאורייתא ולא ידעין דודאי
חיות השדה אינון עמי הארץ .. דלא אשתכח
עור בהון לשכינתא בגלותא d. i. Gott schuf
aus der Erde alle Thiere des Feldes und alle
Vögel des Himmels. Wehe den Menschen (den
Juden), die verstopften Herzens und verschlos-

seren Auges sind, nicht zu verstehen die Geheimnisse des Gesetzes und nicht zu wissen,
dass die wilden Thiere die Völker der Erde sind,
von welchen die Schechina keinen Nutzen hat in
der Gefangenschaft (d. h. grossen Nachtheil hat,
da die Gefangenschaft fortdauert, solange die
Völker existiren). Es folgt dann an derselben
Stelle noch eine Anspielung auf die Jungfrauenopfer, indem Adam's Schlaf (ותרדמה) auf die Gefangenschaft Israels (des Menschen, ausser welchem
es keine Menschen gibt) und der Knochen, aus
welchem Eva gebildet wurde, auf die Jungfrau
gedeutet wird, die schön und weiss ist wie der
Mond. Dies will, wenn man sich an andere, bereits angeführte Stellen erinnert, offenbar sagen,
dass die Gefangenschaft durch Jungfrauenopfer
ihrem Ende zugeführt wird wie Adams Schlaf zu
Ende ging, als ihm das Bein entnommen war.
Das religiöse Motiv des Mordens hebt auch die
Stelle Sefer halquthim 131 b hervor, wo es heisst:

וביה תבין מאמר הזוכר בתיקונין דמאן דירי־
אבנא דקירטא וימחא לצלמא דיהביל ביתא
דמלבא d. h. ... und durch dieses wirst du verstehen den in Tikune (Sohar) erwähnten Satz, dass
wenn einer einen Schleuderstein wirft und zer-
schmettert das Gesicht, man ihm gibt die Tochter
des Königs. Gemeint ist im Context die Vernichtung
der Klipa, deren Antlitz zu treffen ist, wie David's

Stein die Stirne Goliath's traf. Die „Tochter des
Königs" erhalten bezieht sich auf 1 Sam. 17, 25
und bezeichnet hier bei Vital die Vereinigung mit
Gott. Dr. Justus hat also diese Stelle sinn-, aber
nicht wortgemäss übersetzt.

Wie schon gezeigt wurde, ragen die Könige
und Jungfrauen der Akum vor den übrigen Akum
weit hervor, weshalb ihre blutige Hinopferung vor-
züglich heilig ist. In Bezug auf den Fürstenmord
sagt auch der Sohar II. 19 a: אי ר' יהודה בא
וראה שכן הוא שכל ומן שהשר שלהם נתנה
לו שירה על ישראל לא נשמע צעקת ישראל
כיון שנפל השר שלהם כדכתיב וימת מלך
מצרים ותעל שועתם אל האלהים d. h. Es sagt
R. Jehuda: Komm und sieh, dass immer wo
ihrem (der Akum) Fürsten gegeben ist die Herrschaft über Israel, das Gebet Israels nicht erhört
wird; wenn aber fällt der Fürst der Akum, wie
geschrieben steht· es starb der König, dann steigt
auf ihr Geschrei zu Gott.

Diese Stelle bezeichnet unleugbar den Fürstenmord als eine religiöse Pflicht, weil Israels Gebete
unter einem wahren Akumfürsten, der als solcher
natürlich den Interessen der Akum dient und eben
das Volk des Rabbinismus nach Weise unserer
christlichen Vorfahren behandeln muss, keine Er-
hörung finden. Die Gebete der Sünder allein

bleiben ohne Gehör; Israel denkt sich also im
Stande der Sünde, solange es den rechten Akum-
könig, natürlich pro posse, nicht beseitigt.

Aus messianischen Motiven wird auch Sohar
I. 238a entwickelt, dass ein hartes Gericht über
die Völker der Akum kommen (דִּינָא קַשְׁיָא לִמְחֵי
וְעַל עַמְמַיָּא עַכּוּ"ם) und dass Israel alle Völker
der Akum und die Könige der Welt unter sich
zertreten soll (לְתַבְּרָא תְּחוֹתֵיהּ כָּל שְׁאַר עַמְּמִין
עַכּוּם וּמַלְכִין דְעָלְמָא).

Wer einen Akum erschlägt, ist hoch ange-
schrieben bei Gott, denn er wird im Paradiese
zu der Ehrenabtheilung gehören und sich hoher
Gunst erfreuen. Der Sohar I. 38 b sagt nämlich:
בְּהֵיכְלָא רְבִיעָאָה וְתַמָּן כָּל אִינּוּן אֲבֵלֵי צִיּוֹן
וִירוּשָׁלַיִם וְכָל אִינּוּן קְטוֹלֵי דִשְׁאַר עַמִּין עַכּוּם
וּבְדִין פּוּרְפִּירָא לְבוּשׁ וְתַמָּן חַקִּיקִין יְשִׁישִׁין
כָּל אִינּוּן דְקַטְלוּ לִשְׁאַר עַמִּין עַכּוּם d. i. in
dem vierten (vorzüglichsten) Palast (des Para-
dieses) dort sitzen alle, die trauerten um Zion
und Jerusalem, und alle, welche todtschlugen Angehörige der übrigen Völker, der Akum.. und so
ist Gott bekleidet mit einem Purpurgewand und
darauf sind eingezeichnet und abgebildet jene
Juden, welche tödteten Leute aus den übrigen
Völkern, den Akum.

Das Motiv des Mordes ist also immer ein religiöses. Dies steht auch Sohar I. 25 a: אימָתִי

דְעָלְמָא עָבִיד .. דְלֵית לְהוֹן אוֹרַיְיתָא .. אִתְמַר
בְּהוֹן יִמְחוּ מִן הָאָרֶץ דַּהֲווֹ מֵאִלֵּין דְּאִתְמַר
בְּהוֹן תִּמְחֶה אֶת זֵכֶר עֲמָלֵק .. וּמֵאִלֵּין
דְּאִשְׁתָּאֲרוּ מִנְהוֹן בְּגָלוּתָא רְבִיעָאָה אִנּוּן
רֵישִׁין .. אִלֵּין אִנּוּן עֲמָלֵקִים d. h. die Völker
der Welt sind Akum .. sie haben nicht das
Gesetz (תּוֹרָה פֶּה und תּ׳ שֶׁבַּעַל פֶּה den
Pentateuch und Talmud) .. von ihnen ist gesagt, dass sie vertilgt werden sollen von der
Erde, denn sie sind aus jenen, über die gesagt
ist: du sollst vertilgen das Andenken Amalek's ..
und ihre Ueberreste sind in unserer vierten Gefangenschaft unsere Oberherren, sie sind Amalekiter. — Die vier Gefangenschaften sind die
ägyptische, die assyrische, die babylonische und
die jetzige durch Titus verhängte.

An diese Stelle schliesst sich folgende Sohar
I. 25 b würdig an: אִלֵּין דְּמִשְׁתַּדְּלִין בָּהּ לְמֶעְבַּד
טַב עִם עַכּוּם רְפָאִים בַּל יָקוּמוּ .. דְּאִתְמַר בְּהוֹן
וְתֹאבַד כָּל זֵכֶר לָמוֹ d. i. jene, welche sich be-
streben, den Akum Gutes zu thun, ihre Seelen
werden nicht auferstehen (zur ewigen Seligkeit) ..
denn es ist gesagt über die Akum: du sollst vertilgen gänzlich ihr Gedächtniss.

Schar I. 28 b: היינן דאינון דעלמא עכו"ם
ואינון בני דנחש הקדמני דפתי לחיה ..
ובגיניהו אמר (שמות לב) מי אשר חטא לי
אמחנו מספרי דאינון מזרעא דעמלך דאתמר
ביה (דברים כה) תמחה את זכר עמלק d. i.
die wilden Thiere der Völker der Welt, die
Akum, sie sind die Kinder der alten Schlange,
welche die Eva verführte .. ihretwegen sagt die
Schrift (Ex. 32): wer sündigt gegen mich, den
werde ich austilgen aus meinem Buche, denn sie
sind vom Samen Amalek's, über den gesagt ist
(Deut. 25): Du sollst vertilgen das Andenken
Amalek's. Cf. Edels zu Kidduschin 30.

Sohar I. 46 b: ויברא אלהים את התנינים
הגדולים א' ר' אלעזר אילין אינון שבעין כתין
רברבן על שבעין עמין .. נפש החיה דאינון
ישראל .. בגין דאינון בני דקב"ה ונשמתהין
קדישין מניה אתיין נפשאן דשאר עמין עכו"ם
מאן אתר הוא א' ר' אלעזר מאינין סטרי
שמאלא דמסאבי לון נשמתין ובגין כך כלהי
מסאבין ומסאבין למאן דקרב בהדייהו .. יא'
ר' אלעזר האי מסייע למה דאמרן נפש היה
אילין ישראל דאינון נפש הוה קדישא עלאה
בהמה ורמש וחיתו ארץ אילין שאר עמין עכו"ם
דלאו אינון נפש הוה אלא ערלה כדאמרין

d. h. Gott schuf die grossen Seethiere. Rabbi
Elieser sagt: das sind die grossen Könige der
70 Völker ... und die lebendige Seele: das ist
Israel, denn die Israeliten sind Kinder des Heiligen, gelobt sei er, und ihre heiligen Seelen
kommen von ihm. Die Seelen der übrigen Völker,
der Akum, woher kommen sie? Rabbi Elieser
sagt: von der linken Seite, die sie verunreinigt,
haben sie ihre Seelen, und so sind sie alle unrein
und verunreinigen diejenigen, welche sich ihnen
nähern ... Und Rabbi Elieser sagt: dies bestätigt,
weshalb wir sagten: die lebende Seele ist Israel,
die Israeliten sind die lebendige, heilige himmlische Seele, aber Vieh und Gewürm und wilde
Thiere sind die übrigen Völker, die Akum, welche
nicht sind eine lebendige Seele, sondere Vorhaut,
wie wir gesagt haben.

Da die Vorhaut, um des messianischen Heiles
theilhaftig zu werden, abgeschnitten werden muss,
so will Elieser ohne Zweifel sagen, dass Israel
die Akum, seine Vorhaut, vertilgen soll. Das
religiöse Motiv des steten Krieges gegen die
Akum ist somit wieder deutlich ausgesprochen.
Und wie tief die Ueberzeugung der Juden von
der Nothwendigkeit, die Vorhaut zu beseitigen,
bis heute sitzt, erfährt man von Rabbi Rubens
(der alte und neue Glaube im Judenthum, Zürich
1878, S. 8), der mittheilt, dass, wenn ein Kind

unbeschnitten stirbt, die Beschneidung noch nach-
traglich an dem Leichnam vollzogen wird, damit
es fähig sei, in Abrahams Schoss zu kommen. In
Böhmen ist diese Praxis, noch den Leichnam zu
beschneiden, allgemein. Derselbe Rubens theilt
S. 6 f. mit, dass Prof. Grätz, nominell bekanntlich
ein Reformjude, in seiner wissenschaftlichen Mo-
natsschrift einen gewissen Med. Dr. Kornfeld dar-
thun liess, dass „die Beschneidung den menschlichen Organismus dermassen verändert, dass
erst der beschnittene fähig ist, die „Lehre" in
sich aufzunehmen."

Da die Vertilgung der Akum, wir sahen, ein
überaus heiliges Gebot ist, so gilt als todeswürdig,
wer einem Menschen aus den Klipoth das Leben
rettet. Mikdasch Melech Soh. I. 6 a sagt: נוֹתֵן
חַיּוּת אֶל הַקְּלִיפָּה...נוֹת יָמִית d. h. wer einer
Klipa, die in Todesgefahr, das Leben schenkt,
soll des Todes sterben. Durch solches Erbarmen
würde man eben die böse Seite stärken. Denn
Mikd. Mel. ib. sagt: אָמְנָם בִּיצִירָה הֵם מֶחֱצָה
עַל מֶחֱצָה וְלָכֵן יֵשׁ שָׁם מִלְחָמָה גְדוֹלָה תָּמִיד
בֵּין מָטָּ֛ט וְחֵילוֹתָיו וּבֵין סמ״ו וְדַיְילוֹתֵי וְלָכֵן
רוּחַ הַצַּדִּיק... נִקְשֶׁרֶת שָׁם בַּ תָּמִיד לִהְיוֹתָהּ
מַעֲלֶה מַיִין נֻקְבִין d. h. in der Schöpfung steht
eine Hälfte gegen die andere, deshalb ist dort
immer grosser Krieg zwischen Metatron (dem

guten Engelsfürsten) und seinen Schaaren einerseits
und zwischen Sammaël und seinen Schaaren anderseits und deshalb strebt der Geist des Gerechten
dahin, die aquas femininas hinaufzubringen —
und dies ist eben, wie oben bereits gezeigt wurde,
für die Vereinigung (וויוג) der Sefiroth wichtig,
und ausdrücklich wird an unserer Stelle noch bemerkt, dass in der Osternacht solche „Vereinigung" stattfinde (שב וייוג‎ .. בליל הפסח‎).

Wie man nach Möglichkeit die Klipoth vertilgen muss, so soll man auch ihre Vermehrung
thunlichst hindern. Denn Mikdasch Melech zu
Sohar I. 13b sagt: האמת הוא שבקליפה צריך
לעשות פירוד ביניהם בסוד סרס את הזכר
וצנן את הנקבה‎: Die Wahrheit ist, dass man in
der Schaale Trennung zwischen den Geschlechtern
machen muss, in der Weise, dass man die Männer
castrirt und die Weiber kalt macht (tödtet).

Dies lehrt auch Sohar II. 64 b: עמין עבום
דאקרין שור וחמור והיינו דכתיב והי לי שור
וחמור .. וכי ישראל וכאין משלהי להו ולא
יכלו לשלטאה עליהו .. א' ר' אבא כד מודווגי
כהדא לא יכלין בני עלמא למיקם בהו .. ותנינן
לא יהב איניש דוכתא לאינון זינין בישין .. דכד
מודווגי כהדא לא יכלין למיקם בהו דמבין
סטרא דילהון נפיק מתהיפותא דילהון דאקרין

בקר d. i. die Völker der Akum werden Ochs und
Esel genannt, und dies ist es, was geschrieben steht:
ich hatte Ochs und Esel. Und wenn Israel gut ist,
enthäutet es sie (wie Opferthiere sie schlachtend,
cf. 2 Chr. 29. 34: לְמַשְׁלֵב ית עלוותא, zu enthäuten das Brandopfer) und nicht können sie
dann herrschen über Israel . . Es sagt Rabbi Abba:
Wenn die Akum sich paaren, kann die Welt nicht
fortbestehen, darum sind wir belehrt worden, dass
der Mensch (der Jude) diesen bösen Raubgesellen
keine Stätte gewähren soll; denn wenn sie sich
fortwährend paaren zusammen, wird man ihretwegen nicht bestehen können; denn von ihrer
Seite geht, wenn sie sich vereinigen, ihr Wesen
aus, das genannt wird Hund.

Die Sprösslinge der Akum sind also Hunde,
die Israel, wenn sie sich ungehemmt mehren
konnten, das Dasein verkümmern würden. Israel
muss sie also, will es verdienstlich handeln und
gut sein, schlachten, sie enthäuten wie das Brandopfer. Das „Enthäuten" als Bedingung des Gut-
seins, des Verdienstes, fordert ohne Zweifel, dass
die Tödtung als ein Opferact aufzufassen ist.

Der Gedanke, dass die Ermordung von Nichtjuden eine Opferhandlung ist, kommt oft vor. Im
Jalkut Simoni fol. 245 c n 772 und Bammidbar
rabba f. 229 c heisst es: כל השופך דמן של

רְשָׁעִים כְּאִילוּ הִקְרִיב קָרְבָּן d. i. wer das Blut
der Gottlosen vergiesst. bringt Gott ein Opfer
dar. Dass alle Nichtjuden. bes. die Christen.
Gottlose sind, wurde oben bereits gezeigt.

Im Sohar III. 277b sagt der „gute Hirte"

לֵית קָרְבְּנִין אֶלָּא לְרַדְּקָא סִטְרִין מְסָאֲבִין

d. h. wir haben keine Opfer, als indem wir fort-
schaffen die unreinen Seiten (jeder Akum ist eine
unreine Seite).

Und Haschmatoth zu Soh I. 8 heisst es:

אָקְרֵי מִזְבֵּחַ מַ־ אִתְקְרֵי הֲכִי דְּכַד בְּנֵי עָלְמָא
לָא מְכַשְׁרִין עוֹבְדַּיְיהוּ אִיהוּ דְּבַהָא לוֹן..וּבְגִין
כָּךְ אוֹרַיְיתָא שְׁלֵימָתָא קַבָּה יַהֲבַת לוֹן לְיִשְׂרָאֵל
לְמִזְכֵּי בַהּ לְחַיֵּי עָלְמָא לְאִשְׁתּוֹבָא מְדִינוֹי דְּהַהוּא
מִזְבֵּחַ.. קָרִיב חַטָאת..וְשָׂעִיר עִוֹם דְּהָא
דְּהַהוּא סִטְרָא דְּיֵצֶר הָרַע אִתְדְּבַּק בְּעָכּוּם

d. i. und es heisst (der Altar) eine Schlachtstätte.
Warum wird es so genannt? Wenn die Menschen
nicht gut machen ihre Werke, so opfert er sie
(nimmt sie als Schlachtopfer in den Tod).. Und
deshalb wurde die vollkommene Tora des Heiligen,
gelobt sei er, den Israeliten gegeben, um sie dadurch zu heiligen für das Leben der Welt. um
sie zu retten aus dem Gericht dieses Altares..
Man opfert das Sündopfer.. und den Ziegenbock.
welche mit den Akum vereinigt worden (identisch

geworden) sind, von jener Seite der bösen Natur
(f. ib. I. 9a).

Die Akum also müssen geschlachtet werden,
Israel nur, wenn es schlecht d. h. wenn es Akum
wird; denn der Talmud sagt ja Chagiga 15b,
dass Israel trotz aller Sünden gut bleibt, wenn
es im Herzen den Talmud bewahrt; es gleicht
dann einer Nuss, die im Schmutz des Bodens die
Schaale befleckt, ohne den Kern zu beschädigen.

Der Unterschied zwischen Israel und den
Akum soll besonders in der Osternacht zur
Geltung kommen. Denn der Sohar II. 37a sagt:

וְשַׁלְטָא בְּפַלְגוּת לֵילְיָא בְּרַחֲמֵי וְדִינָא רַחֲמֵי
לְיִשְׂרָאֵל וְדִינָא לְעַמִּין עכו"ם d. i. in der Mitte
der Osternacht waltet man mit Barmherzigkeit
gegen Israel, mit Strenge gegen die Völker der
Akum.

Sohar II. 40b: וַיִּקְחוּ לָהֶם אִישׁ שֶׂה לְבֵית
אָבוֹת שֶׂה לְבַיִת תָּנָא תְּלַת קְשָׁרִין אִינוּן בְּכוֹר
בְּהֵמָה בְּכוֹר הַשְׁבִּי בְּכוֹר הַשִּׁפְחָה דְּכָל שְׁאָר
מִתְקַשְּׁרֵי בְּהוֹ בְּאִלֵּין תְּלַת גַּוְוֵנִי דִלְעֵילָא וְכֹלָּא
כְּלִיל בְּצֹאן . . וְנָהֵי בְּכוֹר הַשִּׁפְחָה כֹּלְּהֵי
אִתְקַשְּׁרוּ וְעַל דָּא כְּתִיב וְהָיָה לְכֶם לְמִשְׁמֶרֶת
קְטִירוּ לֵיהּ בִּקְטִירוּתָא וְהָא אִתְמַר בְּדִיכִין
בִּרְשׁוּתְכוֹן עַד דְּתִגְבְּסוּן לֵיהּ וְתַעַבְדוּן בֵּיהּ
דִּינָא וּלְזִמְנָא דְּאָתֵי כְּתִיב מִי זֶה בָּא מֵאֱדוֹם

וכתיב והיה יי׳ למלך: und sie sollen nehmen jeder ein Lamm, ein Lamm für jede Familie (Exod. 12, 3). Wir haben die Lehre, dass drei sind gleich: die Erstgeburt der Gefangenen, die Erstgeburt der Magd, denn alles Uebrige (das ganze Heil Israels) hängt an diesen drei obgenannten Arten und alles ist vereinigt in dem Lamm ... und alle (drei) vereinigen sich in dem Erstgebornen der Magd und hierüber steht geschrieben: es sei euch eine Satzung: bindet ihn mit Banden und er werde bewahrt in euren Händen, in eurem Besitz, bis ihr ihn schlachtet und vollziehet an ihm das Gericht. Und (die Satzung gilt) bis zu der Zeit, wo kommt (der Messias), von dem geschrieben ist: wer ist der kommt von Edom (Isaias 63) und .. Jehova wird König sein auf der ganzen Erde (Zach. 14).

An das Akumopfer der Osterzeit erinnert auch Sohar II. 182a, wonach die Akum der Sauerteig (חמץ ושׂאור) sind, der zu Ostern entfernt werden muss.

Das Dogma, dass die Ankunft des Messias durch die Vertilgung der Akum beschleunigt wird, spricht ferner der Sohar II. 43a aus wo bezüglich der mosaischen Satzung, die Erstgeburt des Esels durch ein Lamm auszulösen oder zu tödten, bemerkt wird: החמור איהו עם הארץ תפדה מן גלותא בשׂה דאיהו שׂה פוזרה ישׂראל ואי לא

6

הדר בתיובתא וערפתו . . . דעתידין לאתנדאה
מן ספר חיים דעלייהו אתמר מי אשר חטא
לי אמחנו מספרי d. h. der Esel bedeutet einen
Nichtjuden. Löse ihn aus der Knechtschaft durch
ein Lamm. welches ist das versprengte Schaf Israels
(Jer. 50) d. i. mache ihn zum Juden; und wenn
er nicht umkehrt in Busse, so brich ihm das
Genick . . . sie sollen ausgerottet werden aus dem
Buche des Lebens, denn über sie ist gesagt: wer
gesündigt hat gegen mich. ich werde ihn austilgen aus meinem Buche.

Sohar III. 277 b: . . . ויעבר לון מן עלמא
בזמנא דגלותא בתראה ליה עכו"ם או דלא
ידעין בני עלמא בהון ואנון דידעין בהון . .
מצליחין בהון לקיים מאי דב' (דברים ז)
ומשלם לשונאיו אל פניו להאבידו d. i. Und
man wird sie vertilgen von der Welt . . In einer
Zeit der vierten Gefangenschaft (wenn der Messias erscheint) werden entweder keine Akum mehr
sein oder die Menschen (Juden) werden sie nicht
kennen; denn jene. welche man als Akum er-
kennt. an ihnen wird man zu erfüllen im Stande
sein. was geschrieben steht (Deut. 7): seinen Has-
sern vergilt er in's Angesicht, sie zu verderben.

Niemand also wird sich in der glorreichen
Zeit Israels als Akum blicken lassen: wer aber
als solcher erkannt wird, den vernichtet man.

Auch Rabbi Edels zu Bechoroth f. 9 b bemerkt,
dass in der messianischen Zeit nur die Juden am
Leben bleiben sollen, nicht aber die Völker, welche
sagen, der Bund Gottes mit den Juden sei vor-
über und sie seien statt der Juden mit Gott in
einem neuen Bund, aber diese Völker seien den
Pferden und Eseln gleich und ihre Kinder gleich
Kindern, die ein Pferd mit einer Eselin erzeugte.
Die messianische Aera wird also die letzten Akum
vertilgen. Vor dieser Zeit hat man, wie oben
belegt wurde, nicht minder die Pflicht, Akum,
wo es angeht, zu vertilgen; aber bis jetzt sind
die Juden nicht immer מַצְלִיחִין, nicht immer nach
Wunsch des Rabbinismus im Stande, das ihnen
vermeintlich (Deut. 7) aufgetragene Vertilgungs-
gericht zu vollbringen. Daher wohl denn auch
die Anweisung, die Sache nicht immer mit Gewalt, im Sturme, sondern auch meuchlings zu
betreiben: denn Mikdasch Melech zu Soh. I. 16 a
schreibt: חֹשֶׁךְ שֶׁהִיא קְלִיפָה צָרִיךְ לְכַפּוֹתָהּ
וּלְהַכְנִיעָהּ אוֹ עַל יְדֵי רוּחַ אוֹ עַ׳׳י קוֹל דְּמָמָה דַקָּה
d. h. die Klipa ist Finsterniss, man muss sie über-
winden und niederwerfen entweder durch Sturm
oder durch leise, zarte Stimme (d. h. durch offene
Gewaltthätigkeit oder meuchlings, hinterlistig,
schmeichelnd.) So auch heisst es Choschen ham-
mispat § 425, 5 und Jorch deah § 158. 2: מִינֵי

והם שעובדים לעʼא או העושה עבירות להכעיס
אפילו אכל נבילות או לבש שעטנו להכעיס
והאפיקורסים והם שכופרים בתורה ובנבואה
מישראל מצוה להרגן אב יש בידו כה להרגן
בסייף בפרהסיא הורגן ואם לאו יבא עליהן
בעלילות עד שיסבב הריגתן כיצד ראה אהד
מהן שנפל לבאר והסולם בבאר קודם ונטלהו
ואומר הריני טרוד להוריד בני מן הגג ואהזירנו
לך ‏ וכיוצא בדברים אלו d. i. die Ketzer und
Götzendiener und wer Gesetze übertritt, Gott
zu erzürnen, wäre es auch nur, dass er Fleisch
isst, das nicht vom Schächter geschlachtet ist
oder dass er Kleider, die aus Wolle und Flachs
bestehen, trägt, um Gott zu erzürnen, ferner
die Ungläubigen, die leugnen die Tora und die
Weissagungen Israels, diese ist man verpflichtet
zu tödten; wenn man es öffentlich kann, mit
dem Schwerte, so soll man es thun, und wenn
nicht, so kommt man über sie mit Betrug bis
man ihren Tod bewirkt, zum Beispiel, man sieht,
dass einer von ihnen fällt in einen Brunnen
und in dem Brunnen ist eine Leiter, so läuft man
und zieht die Leiter hinauf und sagt, ich eile,
meinen Sohn, der auf dem Dache ist, herab-
steigen zu lassen, darnach werde ich sie dir
zurückbringen und derlei mehr. Der Commentar
salsé kohen bemerkt, dass zu den Leugnern der

Tora auch jene gehören, die einen Rabbi be-
schimpfen.*)

Da oben gezeigt wurde, dass man durch
Uebertretungen, die man sich zur Täuschung der
Akum erlaubt (z. B. indem man pro forma sich
taufen lässt oder als Orthodoxer, um die Akum
besser auszunützen und zu berücken, sich Reformjude nennt und dgl mehr), Gott nicht erzürnt,
so sieht man, dass unser Text wiederum jene aus
religiösen Beweggründen dem Tode weiht, die
aufrichtig das Judenthum verwerfen. Derlei Leute
mengen sich unter die Völker der Welt, die
schlechte Wege wandeln und darum sterben

---

*) Ueber die Minim sagt auch Maimon zu Chullin
per 1 mischna 2, dass man sie in diesem vierten
Galuth (Gefangenschaft), — wo man über Juden (die
z. B. den Sabbat schänden und andere Todsünden begehen,
ausgenommen jene, die nicht aus Bequemlichkeit, Leiden-
schaft oder zur Täuschung der Akum, sondern prinzipiell
aus Verachtung der rabbinischen Autorität ein Gesetz übertreten sowie die Denunzianten jüdischer Geheimlehren und
dgl.) keine Todesstrafe verhänge, — durch Ermordung
aus der Welt schaffe, damit sie Israel nicht
schaden und Israels Glauben nicht verderben,
und dieses Gesetz, diese Minim zu erwürgen,
sei bereits in allen Ländern des Abendlandes
an vielen Männern zur That geworden. Dies
Minim sind die Christen, wie bereits (im Abschnitt I)
gezeigt wurde; Maimon sagt hier, man nenne sie glattweg
Epikuräer; obgleich sie nach ihrer Lehre eigentlich keine
Epikuräer seien, verfahre man doch mit ihnen wie mit
Epikuräern und schlage sie todt, weil sie die eigentliche
Quelle des Abfalls vom jüdischen Glauben seien.

...den, wäre es auch am Versöhnungstag, dass
...man sie umbrächte. Denn der Sohar II. 89 b sagt:

ודאי בקשוט גזרו דבריא על עמי דארעא
דמחבלין ארחייהו ולא ידעין בין ימינא לשמאלא
דהא אינון כבעירי דאית למעבד בהו דינא
אפילו ביום הכפורים ועל בנייהו כתיב בי בני
זנונים המה בני זנונים ממש ... ובאה הוי דין
דישראל מכל עמין עכוב עלייהו כתיב יאת.
בכם כלכב היב אלהיכם בהוה הדברים d. h.

...sicher mit Wahrheit bestimmten die Rabbis über
...die Völker der Welt, die da wandeln verderb-
...liche Wege und nicht wissen zwischen rechts
...und links, die sind wie Thiere. — dass es sich
...gehört, an ihnen das Gericht zu vollziehen, selbst
...am Versöhnungstag, und über ihre Kinder steht
...geschrieben: sie sind Hurenkinder, echte Huren-
...kinder: besser ist Israels Theil als aller Völker
...der Akum, denn über Israel steht geschrieben:
...Ihr verbindet euch mit Jehova, ihr sollt alle
...leben.

Wie sehr verdienstlich und sündentilgend das
Ermorden der Akum ist, möge noch durch Sohar I.
118 a bestätigt werden. Dort wird erzählt, dass
in den Tagen des Rabbi Josi jüdische Räuber in
einem Gebirge wohnten. Kam ein Mensch in das
Gebirge, so griffen sie ihn und fragten nach
seinem Namen. War er ein Jude, so liesen sie

ihn frei; war er aber kein Jude, so schlugen sie
ihn todt. und durch diese That, sagt Rabbi Josi,
haben sie sich das ewige Leben erworben (אתהנין
ואינון בכל האי למיעל לעלמא דאתי).

Im Sohar I. 219 b heisst es: unsere Gefangenschaft wird fortdauern, solange wir nicht
die Herrscher der Akumvölker von der Erde vertilgt haben. Rabbi Josi und ein Reisegenosse
waren beisammen, als sie einen Vogel bemerkten,
der verbrannt wurde. Dieses Schicksal des Vogels,
sagte Josi, sei eine Andeutung, wie man mit
nichtjüdischen Herrschern zu verfahren habe, und
darauf beziehe sich Dan. 7, 11: ich sah zu, bis
das Thier getödtet wurde. Auch Derech emeth
bemerkt zu Sohar I. 219 b, dass die irdische und
die himmlische Welt nicht eher Ruhe finden
können, bis man sich von der Herrschaft der
nichtjüdischen Herrscher losgemacht haben wird.
Freilich kostet das wohl ein Stück Arbeit, denn
ihre Völker sind ja stark: indess gelingen muss
es, da Mikdasch Melech zu Sohar I. 7 b, wo von
einem Rabbi erzählt wird, der Berge ansriss, die
Anmerkung zufügt: טורין הם הקליפות הקשה
כהרים וזה שאמר מיקר טורין הם הקליפות

d. h. die Berge sind die Klipoth, die hart (stark)
wie Berge sind, und dies ist es, was er sagt: er
riss Berge aus, nämlich die Klipoth.

§ 3.

Ich schliesse die vorstehende für den Beweis wohl ausreichende, obgleich keineswegs vollständige Sammlung von Blutstellen mit Sohar II. 119a, weil die „Neuzeit" (S. 269 f. 1883), die „Pressburger Zeitung" (7. Juli 1883) und Delitzsch im „Pester Lloyd" sowie in einer besonderen die „Neuzeit" reproducirenden Schrift, worin er mir ein kinderhaftes „Schachmatt" entbietet, erklärten, diese Stelle beziehe sich blos auf rohe, unwissende und pflichtvergessene Juden, welche rabbinische Gesetze übertreten, aber nimmerhin Juden bleiben. Solche Juden treffe nach dieser Soharstelle die Armuth, die nach einem Ausspruch des Talmud dem Tode gleichkomme, und zwar sei es öffentliche Armuth, welche durch die mit ihr verbundene Beschämung das Blut aus den Wangen treibe, so dass dieser Tod wie das öffentlich vergossene Blut eines Thieres erscheine. Thun aber jene Juden Busse, sagt die „Neuzeit", und öffnen nicht den Mund wider Gott, so ist ihre Armuth geschlossenen Mundes, dem Thiere gleich, das nicht reden kann. Was das abzulegende Sündenbekenntniss angeht, so spreche man (der Arme) mit einem bekannten Bussgebet: ich habe keinen Mund zu erwiedern und keine Stirn, mein Haupt zu erheben, gestehe seine Sünden, bekenne täglich die Einheit Gottes, damit man mit dem Rufe echad (Einer) einst

sterbe, wie das Thier, welches mit einem Messer nach zwölfmaliger Prüfung desselben — was zusammen dreizehn oder den Zahlenwerth des hebr. Wortes echad beträgt — geschlachtet wird, preise und heilige Gott jeden Tag durch das barechu und keduscha, zwei Stücke des Morgengebetes, sowie durch die Benedictionen beim Genusse von Speise und Trank wie ein Priester preiset. So die „Neuzeit". Delitzsch und Gen.

Deutungen dieser Art können indess für eingeweihte Kreise nur ein Lächeln bewirken. Zum Beweise dieser Behauptung führe ich aus der Mitte dieser Eingeweihten selbst eine Stimme an, deren Autorität unwidersprechlich ist: ich meine das Wort desjenigen, der den מפתחות הזהר, den „Soharschlüssel", verfasste, welcher auch der Přemysler Ausgabe beigefügt ist und unter bestimmten Schlagwörtern den Sinn und Inhalt bedeutsamer Stellen kurz angibt. Eben dieser „Schlüssel" gibt nun aber zu unserer Stelle II. 119a, die er ausdrücklich anführt, unter dem Stichwort עמי הארץ folgende Aufklärung:

להתרחק מעמי הארץ מפני שהם ובניהם
נקראים שקצים ורמשים ובהמה והנושא מהם
עובר על ארור שוכב עם בהמה ומותר להרוג
אותם ביום הכפורים ונקראים בני זנונים d. i.

man (der Jude) soll sich fern halten von

de Völkern der Erde (von ihren Grundsätzen).
deren sie und ihre Kinder heissen Greuel und
Scheusale und Vieh und wer aus ihnen heirathet.
eintritt das Wort „verflucht ist. wer liegt bei
einem Thier". und es ist erlaubt. sie zu tödten
selbst am Versöhnungstag und man nennt sie
Hurenkinder.

Es ist unleugbar. dass diese authentische
Erklärung des Textes das „Tödten" im eigentlichen Sinne versteht: wäre der bildliche Tod
der Armuth gemeint. so würde das schlechthin
gebrauchte Wort הרג „tödten" nicht der richtige Ausdruck sein. es müsste durchaus מיתה
דעניא „Tod der Armuth" und dgl. erwartet
werden. Dies um so mehr. als der „Schlüssel" bemerkt. selbst am Versöhnungstag. der doch ein
Tag der Gnade ist. könne der Tod verhängt
werden; nun ist aber bekannt. dass der Rabbinismus einen reichen oder wohlhabenden Juden.
der rabbanische Satzungen verachtet. keineswegs
durch Confiscation des Vermögens in Armuth
stürzt. wenn er auch Flüche über ihn spricht.
Wohl wird unbotmässigen Juden angedroht. dass
Gott sie in Armuth stürzen (Sohar III. 219)
oder unter nichtjüdische Herrscher bringen werde
Soh. III. 279a): aber von Seite der Juden. welche
in unserem Text eben als Handelnde erscheinen.
wird Güterentziehung. Verarmung als Strafe nicht

verhängt. Es ist daher unzweifelhaft, dass der Verfasser des „Schlüssels" unter „todten" nicht ein bildliches Tödten, sondern den wirklichen Tod versteht, und der Sohar II. 119a also Nichtjuden meint, welche selbst am Versöhnungstag geschlachtet werden dürfen. Die mitgetheilte Deduction der „Neuzeit" und ihrer Genossen, welche die Soharstelle auf Juden beziehen wollen, ist daher völlig unhaltbar. Dies ergibt sich auch klar aus dem Zusammenhang selbst, in welchem die fraglichen Soharsätze vorkommen. Diesen Zusammenhang will ich jetzt darlegen.

Auf f. 118b Soh. II. heisst es, dass Gott sein Volk Israel mit vielen Zeichen gezeichnet hat. Diejenigen, welche תּוֹרָה (Gelehrsamkeit) haben, sind gezeichnet mit חֶסֶד (Gnade), und jene, die (talmudisch) gute Werke (מִצְוֹת) haben, mit גְּבוּרָה (Stärke). Die rohen und unwissenden Juden, welche wie Erachin 15b uneigentlich עַמֵּי הָאָרֶץ (Völker der Erde) genannt werden und weder gute Werke noch Gelehrsamkeit haben, sind bezeichnet durch Entfernung der Vorhaut (מִילָה) und פְּרִיעָה *), kurz durch die Beschneidung. Das Geflügel, sagt der Sohar weiter, welches ge-

---

*) פְּרִיעָה vocant retectionem membri infantis, quae fit post praeputium abscissum, Buxtorf lex. s v. cf. Sab. 133a und Raschi dort. Sab. 137b und Joreh deah § 264, 3.

gessen werden darf, hat als Zeichen der Reinheit
einen Kropf (זֶפֶק) und abschälbaren Magen *)
(קֻרְקְבָן). Andere Thiere, welche erlaubt sind,
haben ebenfalls zwei Zeichen der Reinheit, nämlich das Wiederkauen und die gespaltenen Hufe.
Alle sind also, fährt der Sohar fort, mit zwei
Zeichen der Reinheit versehen, ebenso wie das
heilige Volk durch die Entfernung der עָרְלָה
(Vorhaut) und durch פְּרִיעָה (retectio) gekennzeichnet ist.

Nun beginnt ein zweiter Absatz, worin der
Sohar (119a) den Unterschied der genannten drei
Kategorien Israels erörtert. Diejenigen Israeliten,
lehrt er, welche zugleich Gelehrsamkeit (Tora)
und gute Werke haben und die Gelehrsamkeit
nicht für Lohn, sondern zur Ehre Gottes und
seiner Schechina betreiben, wie ein Sohn, der
verpflichtet ist, Vater und Mutter zu ehren, diese
sind mit Gott und seiner Schechina, welche in
ihnen gleichsam vereinigt werden, gekennzeichnet.
Jene dagegen, welche Gelehrsamkeit ohne gute
Werke haben oder gute Werke ohne Gelehrsamkeit, in ihnen ist Gott und seine Schechina gleichsam getrennt, während die Besitzer von Tora und

---

* Cf. Chull. 56a: jeder Vogel, der .. einen Kropf hat
und dessen fleischiger Magen (der unmittelbar an der
Speiseröhre hangt) sich schälen lässt d. h. doppelhäutig
ist, gehört zur reinen Gattung.

guten Werken einem Baume gleichen, dessen
Zweige sich nach rechts und links theilen und
durch den Stamm in der Mitte vereinigt werden.
Die Gottlosen aber des heiligen Volkes sind jene,
welche zwar die beiden Zeichen der Beschneidung
empfingen, aber weder Tora noch gute Werke
haben, keine Tefillin an Kopf und Arm tragen,
den Sabbat nicht feiern und keine Zizith haben.

Nun folgt ein dritter Absatz, der eine vierte
Kategorie von Menschen vorführt. Es sind jene,
die gar nicht gezeichnet sind (דלא רשימין),
die gar keine Zeichen der Reinheit tragen, weder
Tora und gute Werke noch Beschneidung. Der
Sohar führt hier die Stelle Lev. 11 an, wo von
den Vögeln und Fischen die Rede ist, welche
gar keine Zeichen der Reinheit (טהרה) haben
und deshalb zu den verbotenen, unreinen Thieren
gehören. Von diesen heisst es Lev. 11 שקץ הם
לכם, sie sollen euch ein Greuel sein. Von den
Menschen der vierten Kategorie, für welche der
Sohar an die genannte Stelle über die unreinen
Thiere erinnert, sagt er ausdrücklich, sie sind
nicht Juden, sondern Völker der Erde (לאו אינון
ישראל אלא עמי הארץ) und wie jene Lev. 11
erwähnten unreinen Thiere, so sind auch sie nach
der Bestimmung der Talmudlehrer Greuel und
Scheusal (מה אילין שקץ ושרץ אוף אינון שקץ

‫ושרין כנה דאורמיה מארי מהנין‬). Bei den Angehörigen der vierten Kategorie, den Nichtjuden, verweilt dann der Sohar länger, sagt, dass sie Gräuel sind und ihre Weiber Scheusal und ihre Töchter Vieh und dass sie sterben, in Wirklichkeit getödtet werden sollen, und zwar in Oeffentlichkeit, wie ich gleich näher darlegen werde. Meine Gegner leugnen nicht, dass es sich hier um wirkliches Tödten handelt, wenn es sich überhaupt um Nichtjuden handelt. Ihre ganze Bemühung zielt darauf hin, zu zeigen, es handle sich um Juden und darum auch lediglich um den bildlichen Tod der Armuth. Ich habe dagegen nach meiner Ueberzeugung deutlich bewiesen, dass der Zusammenhang für meine Auffassung spricht, welche, wie bereits angeführt wurde, auch in dem „Soharschlüssel" ausgedrückt ist.

Diese Auffassung, dass es sich um Nichtjuden und deren Hinschlachtung handelt, findet auch eine Stütze in einer bisher von mir übersehenen Stelle *) des Talmud, nämlich pesachim 49b:

‫א' ר' אלעזר עם הארץ מותר לנוחרו ביה‬

---

* Ich bemerke bei diesem Anlass, dass meine frühere Aussage, der Talmud sage nichts über den rituellen Mord, sich blos auf den Genuss des Blutes bezieht, welchen man damals speciell als rituellen Act zu bezeichnen pflegte; aber, wie ich schon oben darlegte, ist überhaupt jeder Mord rituell, der als Act des Cultus oder der Gottesverehrung vollbracht wird

הבפירים שהל להיות לחיות בשבת אמרו לו תלמידי
רבי אמיי לישחטי אמר להן זה טעון ברכה
וזה טעון ברכה אין זה d. i. Rabbi Elieser sagt:
es ist erlaubt, einen Nichtjuden selbst am Versöhnungstag, wenn er auf den Sabbat fällt, zu
durchbohren. Da sprachen seine Schüler zu ihm:
Rabbi, sage doch lieber schlachten (statt durchbohren). Er antwortete ihnen: nein, wenn man
ihn schlachten würde, müsste man eine Beracha
(ein Lobgebet) sprechen, durchbohren aber kann
man ohne Beracha.

Da hier von Durchbohren und Schlachten
die Rede ist und das eine dem andern in Rücksicht auf die Beracha vorgezogen wird, so ist
klar, dass der Talmud an etwaige Confiscation
der Güter, an das bildliche Sterben durch Verarmung nicht denken kann. Eine derartige Be-
strafung durch bildlichen Tod ist, wie gesagt,
im rabbinischen Strafrecht als eine von Menschen
zu verhängende Strafe überhaupt nicht vorhanden.
Und was wäre auch eine Wegnahme der Güter
durch bildliches „Schlachten" mit Beracha und
mittelst „Durchbohrung" ohne Beracha? Im Sohartext handelt es sich, wie wir gleich sehen werden,
um „Schlachten mit Beracha", und dieser Aus
druck bezeichnet auf alle Fälle die wirkliche
Tödtung. Die erwähnte Talmudstelle liegt ohne

Zweifel unserer Soharstelle zu Grunde, und da
wir, wie gezeigt, für die erstere eine Interpreta-
tion auf Beschämung durch Armwerden als irrig
ansehen müssen, so auch im Sohartext.

Da die genannte Talmudstelle sehr bedeutsam
ist, so füge ich den erwähnten inneren Gründen,
welche den Gedanken derselben als wirkliche
Tödtung (und folglich auf Nichtjuden, cf. die
schon citirte Stelle Maim. zu Chullin per. 1. m. 2)
bestimmen, als äussere Autorität das prooemium
(הקדמה) von בית הלוי hinzu, wo über pes.
49b bemerkt wird: והמקובלים פירשו דקאי על
סמאל וכל כד דיליה בי׳ d. i. die Kabbalisten
erklären, dass sich diese Stelle auf Sammael (den
Teufel) und seine ganze Schaar bezieht. Die
kabbalistische Soharstelle, welche auf pes. 49 b
Bezug nimmt, ist eben II. 119a wie auch II. 89b;
und dass Sammael mit seiner Schaar die Nichtjuden bezeichnet, braucht nicht erst gesagt zu
werden; zu den hierfür oben schon angeführten
Stellen sei nur noch Soh. III. 246 b erwähnt, wo
es heisst סמאל .. ממונה על אומה דעשו d. i.
Sammael ist der Häuptling Esau's.

Es unterliegt demnach keinem Zweifel, dass
der Sohar an unserer Stelle in der vierten Kategorie von Nichtjuden redet, welche der Rabbinismus als עמי הארץ und אומות העולם (Völker

der Erde, der Welt) im engeren, eigentlichen und wirklichen Sinn bezeichnet, wie es Deut. 28, 10 und im Talmud Berach 6a, Menach 35 b und Raschi dort, wie überhaupt meistens gemeint ist.

Ueber die Nichtjuden, deren Weiber und Töchter speciell namhaft gemacht werden, heisst es nun weiter, ihr Tod solle in Oeffentlichkeit sein. Bevor aber die Weise, sie zu tödten, geschildert wird, gibt der Sohar parenthetisch eine Erläuterung über den Begriff des sichtbaren, öffentlichen und des verborgenen Todes. Sterben, sagt er nach einem bekannten Talmudspruch, ist lediglich verarmen (לית מיתה אלא עניותא), aber der Tod, der die Nichtjuden verarmt, soll nicht verborgen sein wie bei Vögeln, welche den Juden verglichen werden (מיתה דעניותא דלהון לא יהא באתכסיא כעופין דדמיין למארי פקודין), sondern in Oeffentlichkeit (אלא באתגליא) vor den Augen des Volkes. Der Arme, fährt der Text fort, gilt als todt; es gibt aber eine verborgene Armuth weg von den Augen der Menschen und es gibt eine Verarmung vor den Augen Aller wie wenn man vergiesst eines grossen Thieres (בהמה) Blut, dessen Vergiessung vor Aller Augen, Allen sichtbar ist.

Die Armuth in Verborgenheit, von der hier die Rede ist, wird ausdrücklich als diejenige be-

... ract, mit der Gott Juden bestrafen soll. Dies
... die wirkliche Armuth, Geldarmuth. Denn Soh.
III. 219 heisst es, dass Gott die Juden, wenn sie
sündigen, in Armuth stürzen werde. Diese Armuth
... eine verborgene, indem sie mit dem Tode
von Vogeln verglichen wird, deren Blut nach
rabbinischer Vorschrift von dem Schächter mit
einem Häuflein Asche bedeckt werden muss,
w. l rend dies bei Hausthieren (בהמה) nicht geschieht. Durch diesen Vergleich wird angedeutet,
dass die erste Armuth eine solche ist, wo kein
Blut gesehen wird, also blos Geldarmuth, während
die zweite Armuth eine bildliche ist und öffentlich
genannt wird, weil der wirkliche Tod, den sie bezeichnet, das Blut sichtbar macht, thatsächliches,
wirkliches Blutvergiessen ist.

Die Nichtjuden also sollen durch bildliche
Verarmung d. h. durch Hinschlachtung bestraft
werden. Für diese Auffassung spricht auch der
nun gleich folgende Satz: דישפכין דמא קמי כלא
d. i. sie (die Juden) vergiessen, sollen vergiessen
das Blut vor Aller Augen. Wäre Geldarmuth gemeint, so könnte es nicht heissen שפכין דמא,
denn solche Armuth verhängen nicht die Rabbiner oder ihre Stellvertreter; diese Strafe ist,
wie schon gezeigt, ein Gottesgericht, welches Gott
selbst über den Sünder hereinbrechen lässt. Dass

aber Subject zu dem Plural שְׁפָכִין (sie vergiessen) nicht Gott (יְהֹוָה oder אֱלֹהִים), sondern nur die Juden sein können, bedarf keiner Bemerkung.

Nun heisst es weiter הכי ענין שְׁפָכִין דְּמֵי באַנְפֵּיהוּ לְעֵינֵי בְּנֵי נַשָׁא וְאִתְהַדֵּרָן יְרוֹקָן בְּנָתִים וְאִי חַדְרִין בְּתוּבְתָא וְלֹא פָּתְחִין פּוּמְהֶן יְהָטְיָה דְּבָרִים כְּלַפֵּי מַעֲלָה das heisst: so ist die Sache: man vergiesst das Blut im Angesicht, vor den Augen der Menschen (Juden), dass sie (die Nichtjuden, speciell, da אִתְהַדֵּרָן fem. ist, die Jungfrauen oder „Töchter" der עַמֵּי הָאָרֶץ) sich verändernd (die Farbe verlierend) grün-gelb werden, wie es Leichen sind.*) Wäre von Beschämung durch Geldarmuth die Rede, so würde nicht יְרוֹקָן, sondern חִיוְרָן stehen; für Beschämung ist im Talmud wie in den rabbinischen Schriften nur „erblassen" üblich (cf. אִזֵּיל סֻמָּקָא אָזֵיל אַפֵּי וְאָתֵי חִיוָּרָא und Baba m. 58 b Jemanden beschämen, eig. das Gesicht erblassen lassen), während der Talmud (f. Sab. 134 a Chullin 47 b) für Blutverlust יְרוֹק gebraucht.

———

*) Die Suffixe der 3. Person weiblichen Geschlechts in der Mehrzahl sind eig. hen, aber auch bei Daniel (7, 8. 19; 2, 33. 41. 42) sämmtlich mit waw geschrieben; in unserer Stelle deutet der Wechsel des Genus zugleich die in § 2, wiederholt belegte Lehre an, dass eben alle Nichtjuden, Männer wie Weiber, zum Opfer tauglich sind.

7

Mit אי הדרין wird weiter die Zuständlichkeit
für das Opfer darbringenden Juden angegeben;
d. s Subject ist eben dasselbe wie in שחטין: sie,
die Juden, schlachten ... und zwar wenn sie in
Busse zu Gott umkehrend nicht öffnen wollen
den Mund, Schimpfreden auszustossen gegen den
Himmel. Da die Handlung als eine heilige erscheint und deshalb wo möglich in Gegenwart
einer Assistenz vollzogen werden soll, so wird
hier angegeben, dass die Versammelten reinen
Herzens sein müssen, wegen etwa begangener
Sünden wider den heiligen Talmud deshalb zuvor,
ehe die Feier angeht, ein Bussgebet zu sprechen
haben, wie dies ja auch bei anderen religiösen
Handlungen (z. B. um bei einer Trauung als
Zeuge fungiren zu können) üblich ist. Ueberdies
soll die Gesellschaft der Opfernden aus verläss-
lichen Leuten bestehen, welche in der Handlung
etwas Heiliges sehen und also nicht geneigt sind,
ihretwegen den Himmel zu lästern, indem sie
sagen möchten, die Sache sei schlecht, eine
Ruchlosigkeit.

Weiter wird angegeben: ומיתה דלהון
בסתימו דפומא כבעירא דאיהי מיתה ולית
לה דבר d. i. und ihr Tod soll sein mit
Verstopfung des Mundes wie eines Thieres, das
stirbt und nicht Stimme und Rede hat.

Der Schächter geht dann an sein Werk und
spricht theils vor, theils nach der Handlung ein
Lobgebet (וידוי), worin er heiliges Schweigen
verspricht und Gott gelobt, täglich, wenn er kann,
diese Handlung zu vollziehen: יאמר הבי ייי שלא

אוחי אין לי פה להשיב ולא מצח להרים ראש
יחידה ומיוחדת לרבה בכל יום למאי מיתתיה
מארד כנוע נמם שושיעת נדמה בתריסר בדיקה
דכבי ובכני דאישויך ומכרך אחד ומכרך לרבה

וכו' d. i. Und in seinem Preisgebet sagt dieser:
nicht habe ich einen Mund, zu antworten, und
nicht eine Stirn, das Haupt zu erheben, und er lob-
preist und gelobt (bestimmt) dem Heiligen, gelobt sei er, dass alltäglich sein soll sein Tödten
in echad wie bei der Schächtung eines Thieres
(בהמה) mit zwölf Prüfungen des Messers und
dem Messer, welche (den Zahlenwerth des Wortes
echad d. i. $ד = 4 + ח = 8 + א = 1 =$) 13
machen,*) und er lobt und preist heilig den Heiligen, gelobt sei er.

. Weder das Sterberitual (מעבר יבק. Ueber-
gang über den Jabbok) der Juden, welches für

---

*) Es ist rabbinische Vorschrift, das Schachter-
messer, indem man den Nagel des Fingers zwölfmal über
die Scheide gehen lässt, zu prüfen, ob es schartig ist oder
nicht; diese 12 Prüfungen und das Messer selbst bilden
die Zahl 13 (אחד echad = 13).

die sterbende Seele verschiedene Gebete des Glaubens, der Reue und dgl. enthält, hat eine Anweisung, mit dem Rufe gerade von echad zu sterben, wie es die „Neuzeit" will und wie es vereinzelt in בריתי von Akiba erzählt wird, noch von in Armuth Gefallenen derlei als besondere Uebung vorgeschrieben oder speciell gerathen. Obendrein ist im Zusammenhang, wie ich gezeigt habe, von Juden, die da mit Armuth bestraft worden, und zwar durch andere Juden (שׁפכין!), gar nicht die Rede. Das Subject von אידן (dieser), der da redet, ist daher auch nicht ein verarmter Jude, sondern der Schächter, welcher mit seinen Assistenten vorher in dem Plural שׁפכין (sie vergiessen, schlachten) zusammengefasst wurde: alle Theilnehmer sind שׁפכין, wenn auch einer blos den Schnitt resp. den Hauptschnitt führt. Und dieser mit der Opferhandlung des Schlachtens selbst beschäftigte Eine, resp. jeder Einzelne der betheiligten שׁפכין, ist es, welcher, nachdem der Mund des Opfers verstopft ist, sagt, er werde über die Sache (naturlich vor Profanen) nicht reden, auf etwaige Fragen Profanen nicht antworten, vor derlei Leuten sich dieser heiligen, ihnen unverständlichen Sache nicht rühmen. Gott aber, wenn er könne, täglich ein solches Opfer darbringen. Auch die nach fol-

genden Schlusszeilen des Textes sprechen für
diesen Gedanken.

Denn es heisst weiter: „Und er (der vorhin
erwähnte Schächter, אֲרָיָן) lobt und heiligt den
Heiligen jeden Tag und bei seinem Essen und
Trinken wie ein Priester lobpreiset (das Preisen,
Loben ist die Beracha, das Heiligen Keduscha);
wenn der Geist (die Seele, der Mensch) lobt den
Heiligen jeden Tag und ihn heiligt und ihn vereinigt mit seiner Einzigen, welche ist seine Schechina, dann steigt der Heilige, gelobt sei er, auf
diesen Geist herab mit vielen Schaaren. Elias
sagt: wahrlich der Mensch, welcher lobt und
heiligt und vereinigt Gott mit der Matrone, mit
ihm steigen viele Schaaren (Engel) der Matrone
hinauf und viele Schaaren des Königs steigen zu
ihm hinab, und zwar alle diese, um ihn zu be-
hüten und diesen Geist wissen zu lassen vieles
Neue und Künftige in profetischen Träumen und
viele Geheimnisse, wie bei Jakob, über den gesagt
ist (Gen. 28): und die Engel Gottes steigen auf
und ab zu ihm, und von diesen Schaaren des
Königs und der Königin ist gesagt (Gen. 32):
und er nannte den Namen des Ortes Heerlager;
aber der König und die Königin selbst steigen
nicht herab."

Dieser Passus hat in Bezug auf einen ein-
fachen Büsser, den „Neuzeit", Delitzsch und Gen.

vor daten, keinen Sinn. Denn der jüdische Laie, welcher seine Morgengebete mit Beracha und Keduscha und seine Tischgebete mit Beracha verrichtet, gilt deshalb nicht „wie ein Priester", mag er auch etwaige Leiden dazu noch mit Ergebung im Geist der Busse tragen. Obendrein lehrt die rabbinische Theologie ja auch keineswegs, dass durch die erwähnten gewöhnlichen Morgengebete (Beracha und Keduscha) und Tischgebete (Beracha) ein solcher Büsser gar Gott mit seiner Schechina vereinigen könnte und von den Engeln so ausserordentlich heimgesucht würde wie es hier gesagt wird, dass er nämlich prophetische Zustände hätte und übernatürliche Belehrungen empfinge. Durch diesen Passus werden wir also auf die Stelle bei Vital und ähnliche dieser Art zurückgewiesen, die wir oben kennen lernten und die uns belehrten, dass der Jude, welcher Jungfrauen und überhaupt Akum schlachtet, göttliche Funken, die in den „Schaalen" gefangen sassen, erlöset und nach oben sendet und dadurch die „Vereinigungen" der Sefiroth, Gottes und der Schechina, der Weisheit und des Verstandes, des Königs und der Königin bewirkt. „Vereinigungen", die besonders in der Osternacht, aber auch sonst immer stattfinden und aus welchen endlich der Messias hervorgehen muss. Weil aber diese „Vereinigungen" in der Höhe stattfinden, steigen blos, wie Elias sagt, die Engel zu dem heiligen Opfer priester auf und ab, aber der König und die Königin feiern oben die himmlische Brautnacht.

Angesichts alles dessen, was ich über den Zusammenhang und das Einzelne gesagt habe, ist es mir unmöglich, etwas anderes in diesem Text zu finden. Der Leser selbst möge daher entscheiden, ob die Juden Herrn Delitzsch es Dank wissen dürfen, dass er im „Pester Lloyd" erklärte, Moritz Scharf habe sicher die Wahrheit gesagt, wenn meine Erklärungen richtig seien.

VI.

Die Stellen, welche wir durchgenommen haben, zeigen uns den Rabbinismus in seiner wahren Gestalt. Nicht blos die Erde, sondern auch den Himmel will er nur für Israel. Ein dringlicherer Mahnruf an die Christen, einig zu sein und mit Entschlossenheit zum Schutz ihrer heiligen Interessen zusammen zu treten, lässt sich nicht denken, als diese Stimme des Rabbinismus selbst, welche wir vernahmen.

Soll ich ein Wort zum Schlusse sagen, welches geeignet ist, alles zusammen zu fassen, was wir hörten, so kömmt mir Dante in den Sinn, als er die Hölle beschreiben wollte. Er gab dem Thor die Aufschrift: Ihr, die ihr eingehet, lasset fahren alle Hoffnung. So auch ruft uns der Rabbinismus zu: Ihr seid das Volk der Hoffnungslosigkeit. Noch 1880*) liess er in Přemysl (Sohar III.

---

*) Ich sagte gelegentlich in den Blättern, bis 1875 seien eben 270 Ausgaben des Sohar erschienen. Da Deutsch in seinem famosen „Schachmatt" auch diese Augabe falsch nennt, so bemerke ich, dass Rabbi Josef Katz in dem Werke Mazdik Sefarim (מצדיק ספרים 1879), welches

252) den Text drucken, dass in der andern Welt
die Gottlosen an einen Platz voll Unrath kommen.
Unrath der Retirade. Dorthin. sagt er uns l. c.,
wirft man todte Hunde und Esel. dort werden
begraben die Christen und die Türken; Jesus und
Muhamed, die todte Hunde sind. liegen dort begraben; und dies ist das Grab der Abgötterei.
wo man begräbt die Unbeschnittenen. welche sind
todte Hunde. Greuel und böser Gestank. mit
Schmutz bedeckt und stinkend, sie kommen von
einer bösen Magd und sind das grosse Gesindel.
welches sich anhängte an Israel . . . . Todten-
gebein und unreines Fleisch . . . worüber geschrieben steht: werft es vor die Hunde.

Was der Rabbinismus im Laufe der Jahrhunderte geplanet und gethatet hat, um unser
Volk zu verderben, ist ganz entsprechend diesem
Gemälde über unser Loos in der Ewigkeit. Ich
habe ein schönes Material über die letzten tausend Jahre, wie es in den jüdischen Büchern
selbst vorliegt, beisammen; in einer besonderen
Schrift will ich es der Oeffentlichkeit übergeben,
sobald die Ereignisse es fordern. Inzwischen mögen

---

eine Gegenschrift zu Rabbi Jakob Emden's Matpachoth
hassefarim ist, in der Abtheilung Sohar sagt, dass bis
תרלה (5635 = 1875) 270 Ausgaben des Sohar erschienen; er gibt zugleich an, wo diese Ausgaben erschienen
und wie oft an den einzelnen Orten.

die Christen, Protestanten wie Katholiken, erwägen,
was bereits gesagt ist und sich unitis viribus an's
Werk begeben, den gemeinsamen Feind durch legale
Mittel unschädlich zu machen. In dem Maasse, als
dies gelingt, werden wir unsere eigene Sache fördern
und wieder ein einheitlich starkes Volk sein; je länger der rabbinische Einfluss in Europa herrscht,
desto weiter werden wir in unseren Principien, in
unserer Macht, in allen Beziehungen getrennt und
zersetzt werden. Ein Wort des Rabbi שַׁבְתַּי
הֶרְ aus Warschau möge uns in dieser Hinsicht
eine heilsame Lehre sein. Dieser Rabbiner sagt
nämlich in seinem Buche קֹרוֹת יִשְׂרָאֵל (schaar 2,
zum Jahre 5310 d. i. 1550 n. C.) über die un-
glückselige Glaubensspaltung des Abendlandes,
dass die Weisen Israels, die Rabbis, sich befleis-
sigten, den Streit unter den Nazarenern, als das
Feuer zu brennen anfing, zu verstärken; denn,
sagt er, wenn die Hunde sich einander beissen,
so lassen sie das Schäflein in Ruhe. Die Hunde
sind die Christen, das Schäflein ist Israel.

Druckfehler.

Seite 22 Zeile 16 von unten lies: israëlite.

„ 32 „ 4 „ „ „ dass.

„ 49 „ 5 von oben „ אֶשֶׁה.

„ 62 „ 3 von unten „ puella.

„ 64 „ 5 „ „ „ deuxième.

„ 68 „ 12 „ „ „ superior), durch.

„ 76 „ 11 von oben „ der Beschnittene.

„ 79 „ 9 von unten „ wird er.

„ 80 „ 12 „ „ „ waltet man mit Barmherzigkeit und mit Strenge,
mit Barmherzigkeit ge-
gen Israel usw.

„ 80 „ 5 „ „ „ יִבָּרֵא.